ちくま文庫

女子の古本屋

岡崎武志

目次

女子の古本屋

本書は二〇〇八年三月に筑摩書房より刊行された
ものを文庫化したものです。
写真　稲田博一・倉地亜紀子・各古書店
店舗の状況は変化しますので、実際に訪れる場合
は必ず、事前にご確認ください。

はじめに

女性が経営する古書店を取材する。そんな「古本屋は女に向いた職業　女性古書店主列伝」の連載が、筑摩書房のPR雑誌「ちくま」で始まったのが二〇〇六年十月。会った人にそのことを告げた時、「（一年連載できるほど）そんなに女性の古本屋さんって、いるんですか？」と驚きの反応がよく返ってきた。当然かもしれない。一般に古本屋の帳場に座るのは圧倒的に男性で、たまに女性が座っていても、アルバイトだったり、店主の夫人が店番をしているというケースがほとんどだから。角界と同じく女性の姿を見るのが難しい世界だった。

たしかに、この企画は、二一世紀を迎えた現在だったからできたことで、十年前なら難しかっただろう。女性古書店主がこれだけ増えたのは、せいぜいこの十年ぐらいの現象なのだ。

地方都市での相次ぐ古書店の撤退（もしくはネットへの移行）、本そのものが売れなくなったことによる古書価の暴落、ネット販売の増大、新古書店の販路拡大など、この十年ほどの間に古本世界は大きく変貌を遂げた。それらトピックスの筆頭に挙げるべきが、女性古書店主の台頭と、それに伴う女性客の増加だと私は考えている。本文にも書いたが、これまで男性の目でしか見てこなかった古本世界に、女性の目が加わることで、別次元の扉が開かれることになったのだ。女性による古本新大陸の発見である。

しかし、女性であるがゆえのハンデもある。本はまとまった量になるとなんといっても重い。意外なほどの力仕事なのだ。それに、町の古本屋が日々の生活をしていくための日銭稼ぎとなるエロ本の販売が、女性の店番では難しい。加えて、すれっからしの男性客は女性店主を甘く見る傾向がある。いいことばかりがあるはずもない。

その点、今回ご登場いただいた女性店主たちは心強い。いきなり古本屋を始めた人は少なく、たいてい学校卒業後に一度就職し、別業種で社会の波にもまれている。時には溺れて、塩水をたらふく飲んできているヒトたちばかりだ。塩の辛さを知ったのちに、人生の岐路に立ち、これしかないと古本屋という職業を選んだケースがほとんどだ。甘い水に誘われて寄ってきたはかない蛍とは訳が違うのだ。

他業種で積んできた経験と、女性らしいセンスを武器に、肚を据えて古本で自分ができることは何かと考えた。古本という素材で自分を生かす。それは「表現」というにふさわしいやり方だった。

　私は、各店を取材するにあたり、質問事項も方針も下調べも用意せず、わざと真っ白な状態ででかけていった。だから読者と同じく、初耳の話ばかり。その驚きを、ライブ感をそのまま言葉にのせるように心がけた。結果、ときに驚愕の末に絶句し、ときに心底、感動させられた。誰もが、生まれてから思春期を経て成長ののち、古本屋という職業を選ぶまでの道は平坦でない。生きた年齢分のドラマと哲学があった。私は毎回、彼女たちの人生にただ圧倒され、締め切り前に原稿を書く段になって、「これはえらいことになった」と武者震いを感じた。ところが書き始めると、何かに突き動かされるように筆が進んだ。毎回、十八、九枚（四百字）をほとんど一気に書ききった。書いているというより、書かされているという感じがした。二十年近いライター生活の中で、そんなことは初めてだった。

　とにかくこの十三人は、いずれも人間として素晴らしい人たちで、その思いの深さ、生きる熱さが読者に伝わらなかったら、それはすべて私の責任である。東京中心で、地方のお店があんまり紹介できなかったが、少しでも興味を持たれたら、ぜひ足を運んでもらいたいと思う。なお、データや時制は単行本化に際して手を入れたが、一部、連載のままであることをご了承願いたい。連載全十四回のうち、事情があって大阪「ベルリン・ブックス」さんだけは、収録が叶わなかったことを付け加えておく。

＊各項目の末尾の年月日は、「ちくま」連載時の掲載号です。実際の取材は、その二、三か月前に行なったものです。

●古本界の常識をくつがえした――**古書日月堂　佐藤真砂**さん

古書業界は男社会ですから、女性であることである意味、自由でいられるんですね。この包装紙、きれい！　そう思ったら売ってみる。

なにもかも革命的だった。いま、港区南青山のレトロモダンなアパートの一室に店を構える「古書日月堂」のありようを頭に思い浮かべてそう思う。これまでの、いわゆる古書店と、佐藤さんが細腕で作り上げた「古書日月堂」は何が違うか。何もかも違うのだ。そうだ、そこから話そう。

「古書日月堂」へ向かうには、東京の地下鉄「表参道駅」で降りる。地上に上がれば目の前にみゆき通り。洋菓子店「ヨックモック」、菱形モジュールの外壁が度胆を抜く「プラダ青山店」などがある通りだ。このあたり、ブティックを中心に高級店が並ぶ一帯で、とても古書店があるようには思えない。これが第一の革命。

そしていよいよ、古びたモダン・アパートの二階にある「古書日月堂」に、足を一歩踏み入れたらわかるだろう。そこが、これまでにイメージする古書店とはまったく違っていることを。もちろん売っているのは基本的に古書だ。しかし、そこに流れる空気が、たたずまいが違うのだ。フローリングの廊下を通って奥へ入れば、まず飛び込んでくるのが「赤」。床も本棚もこれすべて「朱」のかかった赤い色で塗装されている。

置かれている本も戦前の文芸書から、パリで買い付けてきた刷り物、絵葉書、包装紙、カタログと、二〇世紀初頭の色で染めあげられている。古びた紙でできていて、それがデザイン的に優れているものは、すべて集める。本が置いてあるとしたら、それはたまたま本という形態を取った商品であるに過ぎない。これが第二の革命。

ここにきて初めて気づくのだ。なるほど、これは中央線でも本郷でも早稲田でも似合わない。「南青山」という町名のブランドにいかにも似つかわしい店だと。目もさめるようなあたらしい古書店「古書日月堂」を作った佐藤真砂さんとはどんな人だろうか。

佐藤真砂さん。手前のひき出しは紙モノや薄冊の陳列販売用にとあつらえた什器。古本以外の分野も扱うのが特色

イベント、PRの仕事を経て

佐藤さんは一九六一年八月五日、東京都新宿区生まれ。父親は、料理屋を経営する会社に勤めていた。佐藤さんは長女、下に妹がいる。このあと、事情があって住居を転々とするが、高二のとき移った高井戸の家に、社会人二年目まで住む。中学のときから生徒会に参加し、早くから自立心が強く、反抗心の旺盛な子どもだったという。
「中学の私は、自分の価値観を大事にする気持ちが強すぎて、それ以外は認められないんです。正義感ばかり強くて、なんだか、つねにいろんなことに腹立てていたような気がします。親のことも、意地でも肯定したくない気持ちがありました。中学三年のとき、高校受験から逃避するように本を読みはじめます。一年で二百冊は読んだんじゃないかな」

星新一、筒井康隆などのSF、あとは遠藤周作のエッセイから第三の新人、吉行淳之介や安岡章太郎などを読んだ。遠藤周作では、『夏の花』の作家・原民喜についての文章が印象に残った。ひとことで言えば「人間ってこんなに悲しいんだ」ということが書いてあった。しかも、それを静かに淡々と書いている。まだ人生のとば口に立ったばかりのような中学生の心に、それは強烈に刻みこまれたのだった。

高校のときは、将来、放送作家を目指していたらしいが、大学は立教の経済学部に進む。一九八四年に卒業して、当時セゾングループの一員だった㈱パルコに入社。このとき、古本屋へ至る道は、佐藤さんの前途にまだ影もかたちもない。パルコ吉祥寺店に二年勤務したあと、渋谷店の本部セールスプロモーション局へ移る。このとき、佐藤さんのピカピカした二十代、怒濤の日々が始まる。

六八年の西武百貨店渋谷店オープンを皮切りに、七三年のパルコ・パート1、七五年後のパート2、八一年のパート3と、渋谷をセゾン文化が席巻していく。うらさびしい区役所通りは拡張整備され、公園通りと名づけられた。それまで場末感のあった渋谷の裏町に続々と若者が集結してくる。ファッションを核に、演劇、音楽、映画と若者文化の先端をセゾン・グループが提示していた時代があったのだ。毎日がカーニバル。町行く人の目の色が違った。佐藤さんはその渦に呑み込まれる。

「本部での仕事は各店へのイベントの企画配給が主だったんですが、残業が月二百時間を超えるのがざらという職場で、基本給の倍額は毎月もらってた。元々、パルコは若者をよく働かせてくれる職場で、入社初年度から誕生日にも残業させられました。えっ、いま現在の収入ですか？　聞かないでください（笑）。パルコ時代のウン分の一ですね。でもパルコのころは忙しいけど毎日が楽しかったですね。優良顧客限定のイベントセールなどもやっていて、タレントさんのブッキングや出張の折りには同行したり、クリスマスには船一艘をチャーターした、ユーミンの船上コンサートのスタッフに加わったり、全日空とタイアップしてニューヨークツアーを企画したりで、もう毎日、いくら時間があっても足りないというような生活でした」

毎晩遅い仕事のあとで、さらに、同僚と飲み食いにでかける。洋服を毎月十万円以上買っていたのもこのころ。頭から湯気が立ち上る勤務中、パルコブックセンターへ立寄るのが貴重な息抜きとなる。社員だから一割引で本が買えた。ニューアカ全盛の時代。浅田彰を読んでいないのは恥ずかしいことだった。光り輝く澁澤龍彦の本も買った。書店の棚が活気づいているのが目でわかる。美術書の棚では、未来派、ロシア・アヴァンギャルドのデザインセンスに目を奪われた。

「とにかく毎日が刺激的でした。八〇年代にあそこで仕事をしていて、時代とともに変わっていくものが確実にあるということも知りました。たしかに若かった。よくやれたな、と振り返って思うけど、もしあそこでへこたれていたら、いまの仕事ができたかっていうと疑問ですね。古書店という仕事も、のんびりして見えるかもしれないけど、裏ではめちゃくちゃハードですから。あのころ、がむしゃらに働けた自分があるから、いまの自分があるのかな、と。何より、ものを知らないのが恥ずかしいことだと教えてもらえた。これは、古本屋になっても素養となりました。だから、パルコ時代の経験は、私にとっては貴重なんです」

　そんな絶頂期にパルコを退社、人の紹介でＰＲ会社に勤めるようになる。しかし、ここは合わず、辞めるかどうかを信頼できる男性の上役に相談したところ、ちょうど彼も独立してそこを辞めるという。それじゃあ一緒に、と八九年、二人でＰＲ会社を設立する。

　サイは投げられた。しかし、サイは意外な方向にやがて転がる。仕事は軌道に乗り、従業員も増えて、佐藤さんが中間管理職的な役目を負うところ、異変が起きた。

古本に慰められた日々

「よくあることなんですが、上と下の板挟み、というんですか、精神的にどんどん追い詰められていく。外食恐怖症になりまして、外でごはんを食べられないんです。急激にやせました。まず食欲がわかない、口に入れても吐き気がして……病院で診てもらったら、心身症・うつ状態と診断されました。ショックでしたけど、どこかほっとしたところもありました」

　会社は休職。上司は「いつでもよくなったら戻っておいで」と優しく言ってくれた。

しかし、そんな日がくるようになるとは思えなかった。深い喪失感と長い疲れ。自分という実体がない。どうしてこんなことになってしまったのか。まだ三十代前半にして、心が朽ちてしまったようだった。

いったん人生から降りて、思いがけない一年間の休暇を取ることになった。リハビリを兼ねて始めたのが町歩き、そして古本屋巡り。表参道の仕事場から、宮益坂周辺にいくつかある古本屋へはときどき通っていた。今度は本格的に、『全国古本屋地図』（日本古書通信社）を片手にせっせと東京中の古本屋を回ることにした。

「ひとりで古本屋の棚を見て回っているうちに、不思議と気持ちが慰められる気がしたんですね。最初はお定まりの澁澤龍彥の本だとか、ある種の、立派な古本しか目に入らなかったんですが、そのうち、古本屋の棚からいろんなことを教わるようになりました。小沼丹《おぬまたん》や藤枝静男といったそれまで全く知らなかった作家を教わったり、本の並べ方、分類などがまさに編集作業で、それなら自分がそれまでしていた仕事とまんざら縁がないわけじゃない。そう考えていくと、古本屋という仕事が、非常に魅力的に見えてきました」

古本あさりを始めると、誰もが遭遇する奇跡的な体験もした。幻想耽美を彩る独自の世界を築いた野溝七生子《のみぞなおこ》、その短編集『南天屋敷』は昭和二十一年に角川書店から

文学、思想、美術書などが並ぶ。背文字を眺めるだけで、20世紀の流れが見えてくる

出されていたが、めったに市場には現われない稀覯書の一つ。いくら足を棒にしても、町の古本屋でひょっこり拝める品じゃない。佐藤さんはそれが欲しかった。古本屋巡りをするなかで、なじみとなった学芸大前の「古書いとう」（現在は池尻に移転）にも依頼していた。

「伊藤さんは、めったに見ないから難しいよ、とおっしゃったんですが、それからすぐ、偶然、ある図書館の蔵書整理をしているなかから『南天屋敷』が出てきたっていうんです。それが私の手に渡ったとき、もう古本屋になろうと決めていました」

人間の運命が決まるときとは、そ

うしたものかもしれない。自分の強い意志が必要なのはもちろん、外部から、あるいは空の上から、暴力的なまでの強い力が働いて、一挙にその人を押し出していく。

じり貧だった店売りと業者市の経験

こうして一九九六年十一月、東京大田区北千束、目蒲線（現・目黒線）「大岡山駅」下車徒歩二分の小さな商店街に最初の店を構えることになった。店名の「日月堂《にちげつ》」は禅の教えに由来する。お茶席の掛け軸に書かれる「壺中日月長し《こちゅうじつげつ》」は、「壺中の天」と意味を同じくする言葉で、悟りの世界は時間と空間を超越している、というような意味らしい。若い女性にしては、ずいぶん渋いチョイスだ。

大岡山には駅からすぐのところに東京工業大学があるし、駅周辺にタヒラ堂書店、現代屋と二軒の古本屋がすでにあった。そんななかにあって、女性店主らしい品揃えで、町の古本屋として日々坦々と商いをしていくはずだった。ところが店の売り上げがじり貧状態。揺れる海面にただ漂い流され、沈みはしないが、息つぎに苦労する。

「大岡山時代は、ほとんど即売会（デパート、古書会館で開かれる一般客向けの古本市）で食べてたんですね。店の売り上げが月平均で約二十万円。これは店の家賃の十万円と、自宅の家賃と生活費の十万円で消えていく。そう、あとはなんにも残らないんです

（笑）。五反田の南部古書会館での即売会が年に二回、浦和の伊勢丹百貨店でのデパート展がやはり年二回、ここで少しまとまったお金が入ってました。五反田で一番売れたのが一回（二日間開催）で八十万かな。平均して六十万円くらい。浦和では、いい時は百五十万円くらい売れて、諸経費を引いても百万以上残った。これは助かりました」

まとまったお金が入ると、業者市（業者が互いに出品した本を、入札で買う）で、高額な商品を思い切って買うことができる。つまり商人として勝負ができる。忘れもしない七年前の業者市。ある有名作家の直筆原稿が出た。これには佐藤さん、興奮した。

「すでに休刊していた雑誌のために書いた、原稿用紙六枚のエッセイだったんですが、これはどうしても私が欲しいと思った。それまで作家の生原稿は何度も見ましたが、私が大学時代にデビューした〝我らが世代の作家〟だという思いがありました。少なくとも、それを軽く見ていたふうな上の世代の人には渡したくなかった。意地だけです」

十一万から二十一万まで四段階の値段を書き入れて祈るようにその場を離れる。最高の二十一万で落ちれば、店売りの一カ月分の売り上げがふっとぶ。それでも欲しかった。石神井書林、月の輪書林という先輩の古本屋さんからお茶に誘われて喫茶店へ。

しかし、二人の話がちゃんと耳に入らない。それほど、その直筆原稿と、落札できた時の支払いの心配で心は囚われていた。

「市場へ戻ってみると開札が終っていて、『日月堂さん、おめでとう』と声をかけられました。私の手に落ちたんです。最低価格で十万を超す初めて書いた四枚札で落ちた記念として、この生原稿はいまだに売らずに手元に持っています」

こうして新米は現場で絞られ、叩かれ、塩辛くなり、そのあげくに夢のような一瞬が舞い降りてきて、その喜びを知る。日月堂はまた一歩、プロの業者として根を張っていくのだった。

やぶれかぶれで作った目録

「古書日月堂」の名を、古書愛好家はもちろん、一躍同業者に強く印象づけたのが、自家目録だった。古書店は店売りのほか、顧客へ向けて、定期的に在庫の目録を作って送付することがある。なかには、目録専門で商売をしている業者もあるくらいだ。

九九年十月に、第一回自家目録『特集戦後軽装判』を発行。「戦後軽装判」とは、いわゆる「仙花紙本」のこと。戦後の混乱期に雨後の筍のように生まれた弱小出版社が、速成で出版した紙質の悪い、安っぽい造りの本を「仙花紙本」と呼ぶ。中身は戦前に出た本の焼き直し、および大衆小説、エロものなど。これまで、わざわざ特集して取り上げる店はなかった。ところが、カラー表紙に刷り込まれた、色の悪い、はかなげな仙花紙本たちが、日月堂の演出にかかると、なんとも好ましく見える。キッチュを突き抜け、あらかじめ五十年後の視覚的効果を狙ったグッドデザインとも思えてくるのだ。この『特集戦後軽装判』は、目録本来の効能を踏み越えて話題となった。

そして二〇〇一年十月、いまの「日月堂」南青山店を予感させる革命的目録『第二十世紀都市のエレメンツ　1920〜30』を送りだす。雑誌「太陽」「芸術新潮」などと同じサイズ、四十二ページ、多数収録された図版、オールカラーによるこの目録は、マスコミ関係者やデザイナーなどに驚きをもって迎えられる。アヴァンギャルド文献として資料価値が高いとともに、そのデザインセンスとクオリティの高さに瞠目したのだった。

「じつはこのころ、大岡山店での売り上げが低迷

引き出しには『ケルムスコット・プレス設立趣意書』なんてものまで

の一途をたどって、店は事務所兼倉庫にして、目録と即売会で食べていこうかと考えていました。でも、それでやっていけるという自信もなかった。そこで、『第二十世紀都市のエレメンツ』をつくるとき、これでダメなら、もう古本屋をやめようと思いました。これが受け入れられないなら、私は世の中とズレてる。とても商売を続けられない。あの目録は、制作費だけで七十万円かかってますから。もうやぶれかぶれです。やめるんなら、最後はやりたい放題、という気持ちだったんですね」

冗談だろうが、佐藤さんが「遺書」と呼んだ目録は、その後の「日月堂」の方向性を決めた。なにもかも置く町の古本屋から脱却し、あれしか置かない、これしかないというセレクトショップとしての古書店を実現するには、ふつうの場所ではダメだ。南青山への進出は突飛のようだが、あとから考えると、ここしかないという絶妙の選択だった。新生・日月堂を維持するために、年に一度のパリへの買い付け旅行も始まった。旅費の安い二月から三月、一週間から十日ぐらい、パリ中の古書店や蚤の市を駆け回る。お目当ては本より紙。化粧品のパッケージ、デパートの案内、ホテルのバゲッジラベル、瓶のラベルといった、市販されないがその時代に生まれ消費されていった「ためいき」のような紙ものを買い集めてくるのである。

「いまや、パリへ買いつけに行くために店をやっているような感じです。一九二〇年代から三〇年代のパリが、いろんなかたちで紙の上に残っている。しかも、そのデザイン感覚が日本にも続いていた。そのことに夢中になるんです」

恋するような表情で、「パリは麻薬です」とそう言った。

古本屋は女性に向いた職業

南青山に地を得て、日月堂は加速する。二〇〇四年四月に、渋谷パルコ・パート1で「東京・山の手・昭和三代　ムラカミ家のモノに見る昭和史」展を企画運営した。昭和初期に東京「山の手」に建った家に残された着物、映写機、火鉢、柳行李、昭和三十年代の家電製品などを展示即売するイベントを催したのだ。

「古本屋なんてものをやっておりますと、ときどき、『物語のカケラ』を扱っているのだと思うことがあります」と、佐藤さんは同展のパンフレットに書く。また、消え行く活版印刷で使われた活字、文字盤、紙の見本帖などを展示即売する「印刷解体」展を〇四年から〇六年の毎秋に同じ場所で開催。これらの企画力は古本屋になる前の経験から培ったものだ。

「古書業界は男社会ですから、女性であることで、ある意味、自由でいられるんですね。この包装紙、きれい！　そう思ったら売ってみる。それができるのも女性の特権かもしれません。力仕事も意外に苦にならないです。それまでデスクワークだったですから、かえって体を動かしているほうが気が楽な部分もあります。ええ、私は古本屋というのは女性に向いた職業だと思いますね」

店主も男、客も男。ずっと男の世界と思われてきた古書業界で、いま店主も客も女性が顕著に増えている。佐藤さんに憧れて、お客になったり、また自分で古本を売り出した女性もいる。女性ならではのセンスが生かせる仕事がこうして発見されたのだった。

（２００６年10月）

＊日月堂さんはその後、同じアパート、同じフロアの２０５号室へ移転（電話番号・メールアドレスは同じ）。店は広くなり、陳列する商品はますます多彩に。今年（二〇一〇年）春もパリへ買い付けに行ってきた。

古書日月堂（１９９６年開業）
〒１０７-００６２　港区南青山６-１-６パレス青山２０５号　ＴＥＬ&ＦＡＸ０３-３４００-０３２７
営業時間12時〜20時（火・木・土曜）日曜定休　月・水・金曜不定（要ＴＥＬ）
URL：http://www.nichigetu-do.com　E-mail：info@nichigetu-do.com

●女性だけで店をまかされて──**八重洲古書館　渡辺明子**さん

本に触れているってことがまずおもしろいんです。見たこともない本がどんどん入ってくる。それに本と人の関係が濃密なんですね、古本屋という仕事は。

東京駅八重洲口の地下街に古本屋がある。そう告げると、知らない人は驚いた顔をする。東京駅といえば、東京の玄関口というより、地方駅から「上り」「下り」を決める起点であり、一日の列車発着本数が約四千本という日本の顔でもある。立地は抜群、当然ながら地価も高い。そんな場所で古本屋をやるなんて、普通に考えれば暴挙に近い。

しかし八重洲古書館は、そんな地面に金を張ったような場所で、一九九四年にオープンした。しかも四十坪という広さ。しかもすぐ近くに、見たところはまさか古本屋とは思えぬ「R.S.Books」という瀟洒なセレクトショップを二〇〇一年に作る。

さらに驚くべきは、この二店舗を切り回す店長、店員ともすべてスタッフは女性なのである。

誰もやらなかったことをやりたがる発想の持ち主は、この二店舗を統括し、東京・目白に本店「金井書店」を構える社長の花井敏夫さんである。もっとも花井さんは「社長」という呼称を嫌い、「合資会社金井書店　代表社員」と自称しているが……。

金井書店はもともと、東京・目白（住所は新宿区下落合）で一九二九年に創業している。じつは日本の古本屋のなかでも老舗なのである。ＪＲ山手線「目白駅」を挟んで東西に伸びるのが目白通り。すぐ東が学習院大学。北西にかつて池袋モンパルナスと呼ばれる若き芸術家たちが住みついた村があり、目白通りをさらに西へ進むと、大正期に西武の堤康次郎が経営する箱根土地が開発した「目白文化村」と呼ばれる高級住宅地があった。

そんな文化環境のへそにも当たる場所で金井書店は商いをしてきた。しかし、創業者から数えて三代目の花井敏夫さんが引き継いだとき、金井書店は大きく変貌を遂げる。まずは、創業時には二階から目白駅が見えたという昭和初期に建てられた店舗を、ガラス張りの半地下つきモダン建築に建て替える。扱う商品も美術趣味に特化し、のち店売りの方は予約制にした。

女性スタッフだけの試み

東京駅への進出は一九八三年。最初は七坪という小さな店だったが、それでも最初に述べた通り、それまで同業者が誰も考えなかった手である。大げさに言えば、東京駅の地下街に古本屋、というのは、火星で開店するというぐらい、ありえない話だったのである。はたして花井さんに勝算はあったのだろうか。

「勝算はもちろんありましたよ。それまで私はスーパーマンだったんです。つまり、スーパーの店頭などで古本を売る催事をずいぶんやっていた。ダイエーを中心に、各地のスーパーで多い時は二カ所、三カ所と同時に開催していたこともあった。だからスーパーマン（笑）。八〇年代に入って店売りは厳しくなっていましたから。そのうえ、体力勝負で疲れますし、売り上げも陰りが見えてきた。そこで考えたのが、集客力のあるスーパーで商売をした経験から、人出の多い場所で店を出せばいいじゃないか、ということでした」

人出が多い場所なら繁華街だと、新宿を始め候補地を探したがうまくいかなかった。ちょうど東京駅から至近の八重洲地下街に空き店舗ができて、入居の誘いがあった。ためらわず契約し、一晩で改装。夕方にカギを受け取ると、翌日の昼からもう営業を開始するというスピード出店を果たす。それから十年、もっと商品をたくさん並べたいという欲が出てきた。そこで一九九四年、八重洲ブックセンターからほど近い、四十坪の空き店舗に「八重洲古書館」を開業する。

ふつう、町の古本屋の規模でいえば、十坪でも広い店と言われる。八重洲古書館はその四倍。しかも不特定多数の人がひっきりなしに往来する立地。花井さんは、そこで一つの試みをする。つまり、女性スタッフのみによる運営だ。現在、八重洲古書館で六名、R.S.Booksで四名のスタッフが交替で立ち働いているが、すべて女性だ。

「いや、最初は男性も雇ったんですよ。しかし、いつのまにか消えてしまう。最近も一人、ひさしぶりに男性スタッフを雇いましたが、やっぱり長くいつかなかった。なぜでしょうねえ。従来の古本業界は男の世界でしょう。古書マニアは男がほとんどで、接客も男の方が都合がよかった。しかし、八重洲古書館は専門化せず、とにかくいろんな種類の本をたくさん置いて、一般のお客さんが立寄る場所を想定していましたから、いかに柔らかくソフトにお客さんと応対できるかを第一に考えました。そうすると、絶対に女性の方がいいんです」

我が身を振り返って考えれば当然の話で、無精髭をはやして、身なりもかまわない無愛想な男性店主に本を手渡すより、明るく笑顔で「ありがとうございました」と女性から声をかけてもらうほうがうれしい。それは男性にとっても女性にとっても同じはずだ。そんな商法の基本さえ、これまで古書業界では、あまり重視されてこなかった。

だから、八重洲古書館は女性客の多い店だ。三分の一がその割合と踏んでいる。デザインの美しいオリジナルの栞《しおり》とブックカバーも用意した。雨が降ると傘袋をそっとさしだす。いつもハキハキと返事し、笑みをたやさない。「女性スタッフオンリーの古本屋」を押し出すことで、女性はもちろん、男性客も入りやすい店になった。まさに「コロンブスの卵」だった。

求人情報誌を見ての転職

古本屋には女性こそが向いている。そんな花井イズムの申し子ともいうべきスタッフが、八重洲古書館店長の渡辺明子さんだ。しばらく、店内の片隅で渡辺さんの動きを観察していたが、とにかくじっとしていない。レジを打つ。空き棚に補充をする。ついでに本棚の整理をする。客の質問に答える。「○○はないか？」と聞かれれば、置いてある場所へ案内する。同僚に指示を出す。電話に出る。レジの中でなにやら作

渡辺明子さん。現在はR.S.BOOKSの店長

業をする。時計を睨みつつ、思案する。一日の歩数を万歩計で割り出したくなる、そんな働きぶりに感心した。

渡辺明子さんは一九六八年、埼玉県の生まれ。父親は板金、空調関係の仕事をしている。一人、弟がいる。埼玉大学教育学部に進んだのは、教員になるつもりだったから。卒業する頃、世の中バブル景気で、就職先は選《よ》り取り見取り。それならいったん民間に行って、二、三年後に教員になってもいいか、と軽く考えていた。ところがその後バブルははじけ、採用は少なく、教員になるのも難しくなっていた。

九一年に就職したのは都内にあるコンピュータ関連の会社。マルチメディアが流行語になった時代、日がなマックに向って「ビジュアルプレゼンテーション」なんてことをやっていた。

「いつかこの会社は辞めるだろうな、と思っていました。月の残業が三十時間を超えて、とても生き生きと仕事をするという感じではなかったんです」

渡辺さんは、いまではずいぶん昔にあったことのように話す。

結局、その会社は四年九カ月で退社。次に何をするか決めないで辞めた。もともと本は好きだったが、本屋に就職することは、このとき選択肢になかった。人見知りで販売には向いていないと思っていたからだ。派遣社員として、コンピュータ入力の仕事に就きながら、次の仕事を探していた。

ある日、女性のための就職・転職情報誌「とらばーゆ」に八重洲古書館の求人情報を発見する。理由はうまく説明できない。とにかくその時「私のやりたいのはこれだ」と思ってしまった。

「古本屋になじみがあったというわけではないんです。卒論を書くための資料探しに神保町へも行きましたが、ふだんはわざわざ足を運ぶというほどじゃない。ただ、漠然とした憧れのようなものはあったんですね。古い本に囲まれて仕事をするということに。大学時代、大学図書館の書庫に入るのが好きで、そこには和本がたくさんあったんです。中身はよくわからないんですが、古い本がたくさん置いてある雰囲気が好きでした」

そして一九九六年夏、八重洲古書館に社員として入社。採用してもらうために必死で花井さんにアピールする。「三カ月は泣き言を言わず一生懸命働きます」と宣言した。ちょうど、八重洲古書館では前任の店長が退職し、次の店長候補を探していた。花井さんは渡辺さんの意欲を買ったという。

「渡辺くんは『本が好き』って言うでしょう。私はそれで十分だと思った。それに彼女はパソコンに精通している。『日本の古本屋』というサイトは生きた情報がつねに更新されて、経験不足を補う武器になる。本に関する知識はあとでついてくる。私が裏でフォローすればいいし、八重洲古書館ではそんなことは仕事のごく一部だと思ってました」

花井さんは、渡辺さんの中にまだ生かせていない個性を発見する。それが古本屋という仕事を通して生きてくるとも思った。

本と人との巡り逢いに魅せられ

ところが渡辺さんにとっては、それまでとはまったく違った業種である古本屋という仕事に、当初は戸惑いっぱなしだったようだ。

「まずレジの操作に戸惑いました。あんなにたくさんのお金に触ったこともない。最初は、お札を十枚数えるのさえ、手付きがぎこちなかったのを覚えています。朝、店に入っても、その日いちにちの作業が読めない。仕事のシナリオが組み立てられないんです。コンピュータ会社にいたときは、やることが決まってましたから。あとは、本の値段ですね。なんでこの本にこの値段？　って（笑）。それは安い方にも高い方にも驚きました。九割は見たこともない本で、世の中にはこんなに知らない本がたくさんあるんだと……」

景気のいいコンピュータ会社に比べれば、給料も減った。友達がマンションを買ったとか、ブランドの洋服を買ったなどと雑音が入ってくる。卒業してから続けていた一人暮らしを切り上げ、親元に戻った。少しでも生活費をきりつめるためだ。口には出さないが、両親は、急に古本屋へ勤め出した娘に戸惑っていたようだった。二、三年続けばいいほうだと思っていた……とこれはあとから渡辺さんが聞き出した話。それでも渡辺さんは辞めなかった。辞めるどころか、店長に昇格し、ぐいぐいと古本屋という職業にはまっていく。

「毎日、たくさんの本に触れていられるってことがまずおもしろいんです。見たこともない本がどんどん入ってくる。それに本と人の関係が濃密なんですね、古本屋という仕事は。例えば、ある本を探している人が店に入ってくる。○○という本はないか、って聞かれる。すると、運良くその本が店に入荷したところで、そのお客さんに手渡せた。『長いこと探していたんだよ』と喜ばれて、それってすごい瞬間ですよね。そ

ういうことが起こるんです。また逆に、タッチの差で、さっき売れていったというこ
とだってある。本も人もめぐりあいみたいなものなんだな、と」
　話しながら、渡辺さんの顔がみるまに上気していく。本と人とのめぐりあい……古
本屋という職業の急所を知った時、渡辺さんは生き甲斐を見つけ、もう簡単にはこの
仕事が辞められなくなっていた。
　また、客から買い取りが多いことも、八重洲古書館の特徴だ。年末と三月には特に
集中する。一日に三十数件の買い取り依頼の電話があった日もある。買い取りには基
本的に花井さんが出向く。その花井さんが言う。
「これも東京駅で店を開いたことの大きな特徴なんです。日本橋というビジネス街を
背後に控え、大勢の通勤客が利用する。神奈川、山梨、埼玉、千葉、茨城と広い範囲
からお客さんがやってくる。だから、『不要な本を買います』という古本屋の仕事を
認知されると、東京近県からの買い取り依頼があるんです。山形や浜名湖、身延山《みのぶさん》ま
で本の買い取りで伺ったこともある。だから、ウチは古書籍組合に入っていますが、
もう長年、市場を使わなくてもやっていけているのです」
　渡辺さんも数年前から、花井さんとともに買い取りに同行するようになった。小田
原の古いお宅へ行ったとき、見るだに汚れたミステリーがたくさんあった。そのなか

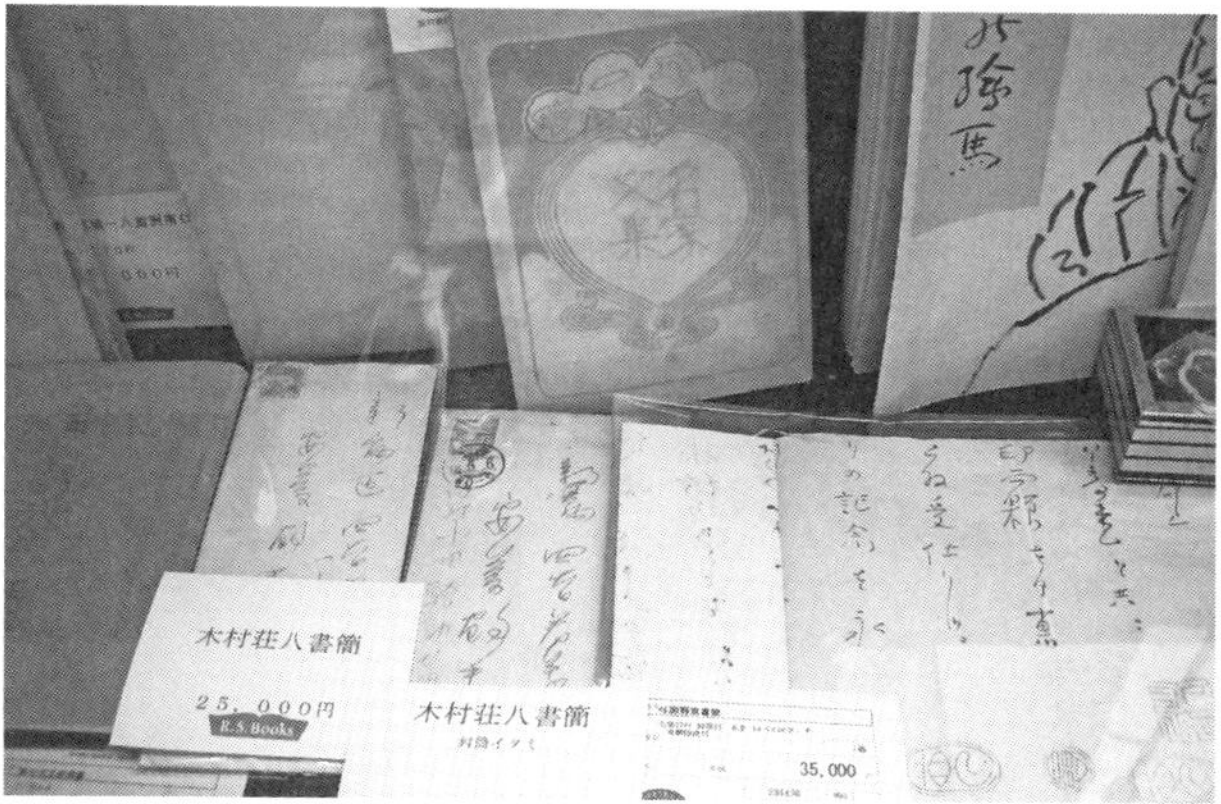

「濹東綺譚」の挿画で知られる木村荘八の書簡

大衆的な八重洲古書館に対し、R.S.BOOKSには高価な美術書なども並ぶ

に、渡辺さんは「この世の中で一番欲しかった本」と出合う。『スイート・ホーム殺人事件』などで知られるアメリカの女流作家、クレイグ・ライスが別名（ジプシー・ローズ・リー）で発表した『Gストリング殺人事件』（汎書房）だった。「本当にこれ一回だけ、五千円の値段をつけて自分で買いました」と、少し照れくさそうに話す。

腕っぷしも強くなった

もちろん女性ばかりのスタッフがいいことずくめ、というわけではない。男性客、とくに中高年は若い女性を甘く見る傾向がある。商品知識を試すように「〇〇さんの本はあるか？」と聞いてくる。答えられないとそんなこともわからないのか、という顔をする。わかってもわからなくても、お客さんに余裕を持って対応できるようになるまでには、三、四年の経験が必要だと渡辺さんは考えている。

「ただ、逆に中高年の男性のお客さんからすると、娘を見ているようなもので、優しく接していただくことの方が多いんです。結局、お客さんの方は、それぞれの好きな作家や分野を深く掘り下げていらっしゃるから、知識ではかなわないんです」

なかには「この本はね、もっと高く値段をつけてもいいんだよ」なんて、うれしそうに教えてくれる客もある。そんなときは、逆らわずに笑顔で「ありがとうございました。勉強になりました」と渡辺さんは答えるように心掛けている。そうしてお客さんにいい気持ちになってもらうと、また店に来てくれるし、いろいろと教えてもらえる。男性の店員だと余計なプライドがあったりして、なかなかそうはいかないだろう。それも女性ならではの利点。

これまで古本屋が女性に向かない仕事と思われてきたのは、ひとつには力仕事で体力を要するからだ。その点も渡辺さんは「やってやれないことはない」と頼もしい。古本の荷を移動させるカーゴという台車があるが、満杯になると男性でも手こずる重さになる。この世界に入ったころは、渡辺さんもその重さに音を上げた。しかし今では「楽々とはいきませんが、ふつうに動かせるようになりました。おかげで腕っぷしが強くなってしまって、いまでは力こぶが出るんですよ」と笑う。

たくさんの古本を目にするうちに欲も出てきた。正体がわからない本に出くわすと悔しい。古文書を読めるようになりたいと勉強中。早稲田大学で開かれた浮世絵の講座に月に一度通ったりもした。どんなに古い、貴重なものでも、実際に手で触れることができるのが古本屋という仕事のいいところ。その手ごたえをもっともっと直接、胸に響くように知識を増やしていきたいと考えている。

この仕事を始めてから、新刊書店もよく覗くようになった。八重洲ブックセンターは目の前。毎日のようにどんな本が売れているか、リサーチにでかける。ビジネスマンが多い場所柄、八重洲古書館でもベストセラーや司馬遼太郎、宮部みゆきに人気があるのは当然ながら、哲学書がよく売れるというのは意外だった。

「デカルトやヘーゲルに始まって、西田幾多郎、和辻哲郎なんてところもよく動きます。いまウチで一番売れるジャンルの一つじゃないかな。やっぱりビジネスマンって、日々大変なんだと思いますよ。だから、メンタルなところを支えるために哲学書を読むんじゃないでしょうか。人生の指針を強く求めている気がします」

ほかの古本屋では死蔵されている夏目漱石全集も、年に三、四セットは売れていく。東京関係の本も充実していて、永井荷風が人気。美術関係の大判の画集も、よくお客さんから「見せてくれ」と声がかかる。神保町の古書街とはまた違った層の客が利用するため、売れ筋が違ってくるのだ。

「独立して自分でお店を持つ気はないのか」と渡辺さんに聞いたら、すぐに「今のところ、ないですね」という答えが返ってきた。八重洲古書館という場所で仕事をしているからこそ、たくさんのお客さんと接していられる。固定客も多く、毎日のように覗いていく顔見知りも大勢できた。

腕に筋肉がつくように、頭にも古本の筋肉がついてきた。

「この仕事、たぶんこのまま、ずっとやり続けていくと思います」
最後の最後に、渡辺さんははっきりとそう言った。

（２００６年11月）

＊その後、八重洲古書館は、八重洲地下街のレモン・ロードに移転、リニューアルオープンした。また、R.S.BOOKSも同じく八重洲地下街のオリーブ・ロード北エリアに移転、リニューアルオープンし、渡辺明子さんは、そこの店長をつとめている。

八重洲古書館（1994年開業）、R.S.BOOKS（2001年開業）
八重洲古書館は2012年、R.S.BOOKSは2015年に閉店

●オンナコドモの本をネットで――海月《くらげ》書林　市川慎子《のりこ》さん

古本を売ることで何かを伝えられるとは思っていました。ネット販売は気軽にできるのが魅力で、雑貨などを売っている友達も多かったんです。

最初は愛知県岡崎市に開いた小さな窓だったのだ。「小さな窓」とは、ここではパソコンの画面のことで、せいぜい二十センチ×三十センチの矩形《くけい》。まだ大学を卒業してまもない市川慎子《のりこ》さんは、その「小さな窓」を開いて、ネット古書店「海月書林《くらげ》」を起ち上げた。若い女の子が就寝前に、自室で日記帳を開いて、日々の雑感を綴るような、静かな旗揚げだった。それが二〇〇〇年九月のこと。

二〇〇〇年は二〇世紀最後の年だった。「ミレニアム」問題が騒がれ、シドニーオリンピックでは高橋尚子が金メダルを取り、有珠山《うすざん》、三宅島と火山噴火が続き、『ハリー・ポッターと秘密の部屋』がバカ売れし、街にはサザンの「TSUNAMI」が流れていた。そんなに遠い昔ではない。

ところが、海月書林から独自のセレクトで発信された本や雑誌は、やがて飛ぶように売れ始め、市川さんの扱う本こそが、女性客を対象とした古書マーケットのトレンドとなる。海月書林のHPを教科書にして、女性たちが古書のおもしろさを学び、古書店歩きを始める。その後輩出する女性によるネット古書店のほとんどは、厳しく言えば、HPの作り方から本の選定まで、海月書林の模倣だった。これほど後進に影響を与えたネット古書店は空前絶後だろう。

もう少しあとにくわしく説明するが、「海月書林」がばらまいた菌は、みるみるうちに全国の文化系女子のあいだに感染し、海月のようにふわふわと古書世界を漂うようになる。窓は相変わらず小さいままだったが、彼女が開いた空間は、これまで誰も見向きもしなかった、まったくあたらしい、花も実もある地平だったのである。

オンナコドモの夢

〈古本を毎日触っていると、いいな面白いなと思う本がたくさんあります。デザインがすてきな本、昭和を感じる本、生活がちょっぴり楽しくなる本……。そういう本に出合うとうれしくてたまりません。

市川慎子さん。女性のネット古書店の先駆け

海月書林を始めたのも、自分が気に入った本を、同じように気に入ってくれる人に届けたかったから。〉

市川さんは自著『海月書林の古本案内』(ピエ・ブックス)の「はじめに」で書いている。海月書林の全貌をカラー写真図版を多用して伝えるこの本の、巻末にある索引「人名小事典」を見渡すと、いかにこれまでの古本世界とは違った領域に注目してきたかが垣間見られる。

例えば、宇野亜喜良、大橋歩、亀倉雄策、熊井明子、河野鷹思、佐野繁次郎、田中一光、戸塚文子、内藤ルネ、長沢節、中原淳一、花森安治、堀内誠一、松本かつぢ、矢川澄子、安井かずみ、柳原良平、山口はるみ、山名文夫《あやお》といった面々は、従来ならデザイン、イラスト、児童文学、女性文化史などで扱われるような名前である。

登場する本や雑誌も、初期の「暮しの手帖」および花森安治装釘本、新書館「フォア・レディース」シリーズ、保育社「カラーブックス」、サントリー「洋酒天国」、山梨シルクセンターとサンリオ等々。同書の章立てで「オンナコドモ」と括られた一章には、〈文豪の初版本や、りっぱな全集もいいけれど、オンナコドモ向けの本にも、すてきなものがたくさん。そんな思いを込めて作ったのが、海月書林の「オンナコドモ」の棚。夢を見させてくれる本ばかり揃っています〉と書かれている。これは文体こそやわらかで、少女っぽいが、底に潜むのは、長らく男性原理に支配されてきた古書界への、激しい異議申し立てのマニフェストである。

これまで古書店の棚を埋め尽してきたのは、市川さんが言うところの〈文豪の初版本や、りっぱな全集〉に代表される商品だった。これら古書のアイテムは、すべて男性の眼で選び取って、客との取引の中で価値体系を作り上げてきた。手塚マンガの高騰、サブカルものの重用など、時代の流れの中で、流行《はや》りすたりによる多少のブレはあっても、この価値体系は大筋のところ揺るがなかった。また、その「眼」を疑いもしなかった。ここから漏れる本の多くは「オンナコドモ」という蔑称のもと、捨てられるか、表の均一台や、入口近くの客寄せとして放置されてきた。店の商品であっても、それはほとんど店主の眼をとおらない、無価値なものだったのである。

いわば、両目あるうちの「男の眼」だけで古書を見てきて、片方の「女の眼」はつぶったままで、商売をしてきた。その「女の眼」を獲得し、見開いたのが二十三歳の海月書林・市川慎子さんということになる。

テレビ厳禁の子が古本に目覚める

市川さんは一九七八年生まれ、愛知県岡崎市出身。父親が教師で、母親は元・幼稚園の先生という教育者の家に、長女として生まれた。おまけに両親ともにカトリックで、謹厳実直に厳格と清廉をトッピングしたような家庭に育つ。

「本当に厳しかったですね。例えば、家にテレビはあるんですが、子どもは見ちゃダメと言われて、『おかあさんといっしょ』ぐらいしか見せてもらえませんでした。マンガやゲームも禁止されて、ガムを噛むのさえ、行儀悪いって言われた。ほんと、信じられませんよね」

市川さんは、いまは笑ってそう話す。おかげで、同年輩の女の子たちと話すと、八〇年代から九〇年代前半に誰もが見たドラマや、人気のあったアイドル、少女マンガなどの知識と体験がすっぽり抜け落ちていることに気づく。門限も厳しく、六時か七時。日曜の夜は家族全員で夕食をとるのが決まりだったという。「何かの用事で遅くなったときなんか、家の前にある坂の下で父親が立って待ってました」というから、なんとも浮世離れした市川家だ。

ほかのことを禁じられた分、市川さん家《ち》の慎子ちゃんの関心は本に集中する。マンガやテレビに厳しい父親も本だけは買ってくれた。ポプラ社の「世界名作童話全集」が揃っていた。「こどものとも」は月極めで取ってくれて、母親が絵本の読み聞かせをする。学校の図書室に出入りできるようになると、たちまち図書カードが満杯になるほど本を借り出した。夢中になると、学校帰りの道で、歩きながらも読書が続く。近所のおばさんが見かねて、母親にご注進。

「おたくの慎子ちゃん、危ないわよ、あれじゃあ。本、読みながら歩いてたわよ」

中学へ進むと教科書で向田邦子を知り、強く惹かれる。宇野千代、瀬戸内晴美（寂聴）、田辺聖子など女流文学をむさぼり読む。十代前半にして、もういっぱしの文学少女ができあがっていた。このころ、絵も習っていて、デザインの勉強がしたいと美術系大学への進学も考えたが、結果、大阪市立大学へ進学する。初めて親元を離れて、大阪で下宿生活が始まった。「とにかく一度は親元から独立したかった。だから大阪での大学生活は楽しかったですね。同時に離れて初めて、親のありがたさも知りました」と、殊勝なことをいう。

大学四年の秋、大阪では名を知られる古本屋でバイトをすることになる。これがのち、古書界に激震を与える海月書林の震源となる。

値付けのツボ

「最初に思ったのは、マンガを覚えなきゃ！　ってことですね。友達の家で読ませてもらった程度で、マンガ体験が欠落していますから。商品を並べるにも、棚のどこに置けばいいかが、最初はわからなかった。でも、毎日、たくさんの本が見られるってところが楽しかったんです。路上生活の人から週刊誌を買い取る、なんてこともしたり、とにかくいろんな体験をしました」

そのうち、お店で見る本の中で、これはいいなあ、自分が店をやるなら大事に並べたいなあ、と思えるような本が出てくる。しかし評価が低い。それが先に挙げた「暮しの手帖」「フォア・レディース」「サンリオの本」、それに昔の手芸本、料理本などである。自分が生まれた頃、あるいは生まれる前に出ていた本や雑誌に惹かれるようになる。

「六〇年代後半から七〇年代前半の雰囲気が好き、というのは自分でも不思議なんですが、そのころ出た本や雑誌を見ていると、活版印刷を含めて、まだ手づくり感が残っているなあ、と感じるんです。カラー写真の印刷技術などで言えば、いまより稚拙なんですが、かえってそのくすんだ色合いがいいなあ、と思ったり……」

玉も石も瓦も砂も泥も混じりあった本の洪水の中から、市川さんは次第に女性として自分の目にかなった一群の印刷物を発見しはじめる。これは大量に本を扱う古本屋に身を置いてこそなし得ることだった。

「この店の値段のつけ方は、そんなに高くもなく、ちょっと手が出るという感じで、そういうのはいいなあ、と思っていました。自分で店を始めるときに、難しいのは値付けですが、そのやり方は勉強になりました」と振り返る。

棚の一部、装幀の美しさも見逃せない

こうして、古本の海を漂い始めた市川さんは、大学卒業後もそのまま同店に就職する。

門限を過ぎると坂道で待っていた父上は反対なさらなかったのか。

「大学進学のために家を出た

時点で、じつはかなり態度が柔らかくなっていまして、この時は好きにすればいいって。あと、私の下に妹弟が四人いるんですが、愛情がだいぶそっちに移ったらしく、おかげで私は自由にやらせてもらえました（笑）」

ネット古書店の気軽さ

同店で修業した後、実家に戻った市川さんは、パソコンを購入し、あまり深く考えないままにネットで本を売ることを始めた。それが「海月書林」。店名の由来は、ただ「クラゲが好きだったから」。大学の一般教養で「ホームページの作り方」を修得していたのが役にたった。

「売ったのは自分の蔵書ですが、古本を売ることで何かを伝えられるとは思っていました。これが外とつながる表現方法になるだろうとも。ネット販売は気軽にできるのが魅力で、雑貨などを売っている友達も多かったんです」

失敗すればやめればいいし、リスクも少なかった、と市川さんは言う。こんな店を始めたと中身を話すと「自分がやりたかったことだ。こんな古本屋をやりたかったのにやられてしまいました」と他のネット古書店に言われたりもした。

「モダンジュース」というミニコミ誌を主宰する近代《こだい》ナリコさんを始め、大阪の働く若い女性たちが始めた貸本喫茶「ちょうちょぼっこ」、『古本屋の女房』などの著書を持つ田中栞さん、『ブック・イン・ピンク』の山崎まどかさんなど、新世紀を迎えるころから、いっせいに文化系女子と呼ばれる女性たちが、本にまつわる目立った活動を始める。二一世紀が「女性の世紀」となるだろうことは、この一件でもわかる。

　海月書林もたちまちのうちにそのユニークな活動が注目され、二〇〇二年一月には、東京・高円寺のカフェ「マーブル」に期間限定で出店し、古本を売るイベントを挙行。このとき集まった客のほとんどが若い女性だったという。また、この頃から都内の古本屋や、古本市、即売会などに女性の姿が目立ち始める。

　二〇〇二年四月には、弟さんが武蔵野美術大学に合格し、東京で下宿をするのを機に、市川さんも上京する。このころ、すでに海月書林の高名は方々で鳴り響き、地元愛知県より、むしろ東京の方で知る人が多かった。二〇〇三年三月二十日付け朝日新聞夕刊に掲載された記事「個性しなやかネット専業古本屋」は、写真入りで海月書林を大きく紹介した。

〈職場は兄弟と暮らす3DKのマンションの1室。仕入れから、ホームページ制作、発送まですべて1人で取り仕切る。／『暮しの手帖』は花森安治が編集長を務めた15 2号までのものだけをとりそろえる〉〈今では1日平均7、800件のアクセスを集めるほど好評で、書店の収入だけで生計を立てている〉〈利用者の8割以上が女性で、なかでも20代、30代が中心だ〉と書かれている。

ミニコミ

その後、市川さんは弟さんと離れて、都内某所に独立。二〇〇三年九月には、古本と雑貨のミニコミ誌「いろは」を創刊する。オールカラー四十四ページながら、写真、本文、書影などレイアウトのデザインワークは抜群で、ミニコミとは思えぬ非常に美しい仕上りだ。創刊号は随筆家・森田たまを特集し、千部がすぐに売り切れた。二号で室生犀星、三号で猪熊弦一郎、四号で中林洋子《なみこ》、五号で鈴木義治（童画家）をとりあげ話題となった。五号は八千部を刷ったというから驚く。ミニコミとしては驚異の数字だ。

市川慎子さん自身が、長い黒髪に、黒い大きな目を持つ魅力的な女性で、雑誌などの媒体にもひんぱんに登場している。そのたびに海月書林の名は大きくなり、たった四年前に上京した人だということを忘れてしまう。

文化系女子の旗頭というマストに追い風を受け、何もかも順風満帆だと思って話を聞いたら、そうでもないらしい。

「今後、店をどうしていこうかと考えたとき、去年一年は、けっこうやめてしまおうか、などと思っていました。ちょうど二〇〇四年の十月に『海月書林の古本案内』という本を出せたこともあって、もうやれることはやったかな、という気がしていました」

まさか、と思える告白だった。一つには、海月書林が発掘してきた「暮しの手帖」や「フォア・レディース」、「カラーブックス」といった商品が、価値あるものとして浸透し、一般の古書店を含め、あちこちで扱われるようになった。これらは市川さんが価値を発見し、HPでそのおもしろさをコメントして、売り出してきたものだった。いわば「海月ブランド」だ。ところが、商品自体は大量複製で世に出回ったものので、誰の手にも入る。堂々たる密漁が成立する。本家本元はそのため、荒れた漁場で苦労することになる。そこが古本商売の頭の痛いところ。

「この頃モチベーションが下がり、新しいところに行くため古書組合に加入するかどうかも、ずいぶん悩みました。日月堂の佐藤さん（本書に登場）に相談したら、『入りなさいよ』って言われて、ちょっと心が動いたり……」

結局、いまのところ組合加入は見合わせて、もっぱら仕入れは買い取りでまかなっている。

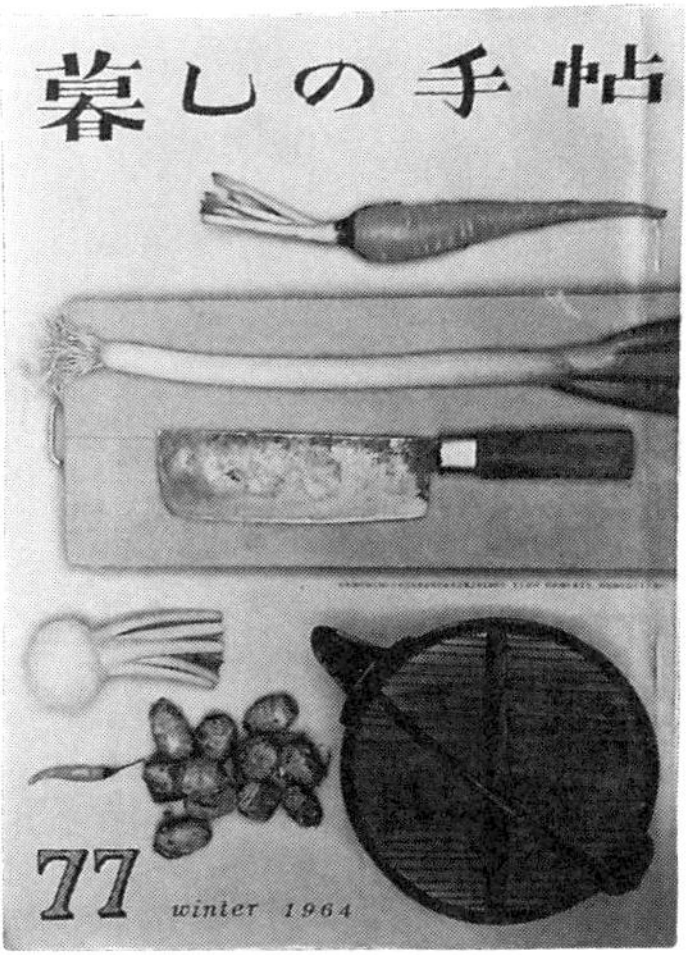

「オンナコドモ」の本たち

古本喫茶

「いろんなお家に、買い取りでうかがうんですが、そこで本や雑誌を前にして、年輩の女性の方から昔の話を聞くのが楽しみなんです。ほんとうに、一冊一冊に、その人個人の思い出が込められていて、私の生まれる前の、知らなかった世界がそこからうかがえる」

なぜその雑誌が人気があったのか、当時、どんな人たちがその本を手に取ったのか。出版史や編集者の回想録などからはうかがえない、生きた証言になっている。そんなことが、市川さんの心を温め、支えている。

二〇〇六年からは東京・荻窪にある喫茶「ひなぎく」と共同経営で、店内に海月書林コーナーを作り、古本喫茶を始めた。以前から「ひなぎく」では、年に一度、期限つきで古本を販売してきたが、これからは常時の営業となり、市川さんも店番をする。

「オンナコドモ」という新領域を開拓したパイオ

市川さんの著書『海月書林の古本案内』も話題に

ニアとして、すでに風格さえ感じられる市川慎子さんだが、まだ二十代。これからまだまだ進化し、成長していくことはまちがいない。あくまで、きばらず、あせらず、ふわふわと……。

（2006年12月）

海月書林（2000年ネット開業）

＊海月書林は「ひるのつき」と名を改め、ネットで営業中。URL：http://www.hirunotsuki.jp

著書『おんな作家読本（明治生まれ篇）』（ポプラ社）を二〇〇八年に刊行。

●メニューも本格派の古書カフェ――**火星の庭　前野久美子**さん

十八の歳から今までが、
ずっと『火星の庭』を始めるための
長い準備期間だったように思えるんです。

仙台の古書カフェ「ｂｏｏｋ ｃａｆｅ／火星の庭」には、その奇抜な店名とともに、訪ねる前から強い印象を持っていた。いま流行《はや》りの「古書カフェ」を、小洒落た気分で始めてみました、といった情報誌がくいつきそうな乗りとはまるで違う。訪れた人の報告を聞くと、並べた本も骨太なところがあり、なによりも真摯な印象を抱いて店を後にしてくるようだった。そして言うのだ。

「火星の庭はいいですよ」

まるで、ほんとうにあの惑星の「火星」から帰ってきたような感じだ。

いずれ行きたいと思いながら機会を逸し続け、二〇〇五年十月八日に、ようやく

「火星の庭」のドアを押すことになった。この日、仙台は「よさこい祭」で他府県から多くの参加者が詰め掛け、北の町はヒートアップしていた。そういう血が騒ぐ盛り上がりをよそに、「火星の庭」でも静かな盛り上がりがあった。

取材が始まって、百二十分テープの片面がとうに折り返しているのに、前野さんの口からは「火星の庭」の「か」の字もまだ出てこない。文章をまとめる立場としては、少々焦ってきた。「まだ『火星の庭』は?」と、話の合間にはさみこむと「もう少し、もう少しで『火星の庭』です」と、宇宙旅行の飛行士みたいな返事があって、「わたしの人生って、どうしても全部話してしまわないと、途中を端折《はしょ》れないんですよね」と笑った。

たしかにそうだ。まだ三十代半ばにして、前野さんのこれまでは「端折れない」人生だった。よく、年輩者が弱輩者を諭す時に「人生、地に足をつけてものを考え、働かないと」と言うが、前野さんは、これまでほとんど地に足をつけたことがない。跳躍つづきの人生だったのだ。

本を買う小遣いは自分で稼ぐ小学生

前野(旧姓・長谷川)久美子さんは、一九六九年二月二十三日福島県郡山市の生まれ。

父は大工だった。家に作業場があり、小さいときから父の仕事を見て育った。久美子さんは三人姉妹のまん中。父親は大工の二代目。男の子に家業を継いでもらうのが夢だ。ところが生まれてくるのはすべて女。

「私のときは、まちがいなく男だと思っていたらしいです。ところが生まれてみるとまた女で、その晩はやけ酒を飲んだと聞きました。そんなこと、娘に話しますかねえ、あとになって。妹のときは、さすがにあきらめて、ただ笑ってました」

前野さんはそう笑って話す。

小さいときから本好きで、本さえ読んでいれば幸せというような子どもだった。図書館の本は借り尽し、中学校、高校と本屋に入り浸っていた。これは古本屋を始める女性の必須の体験のようだ。ただし、前野さんの場合はちょっとユニーク。

「郡山の駅前に東北書店という、そのころではわりに大きい本屋がありまして、いまでもありますが（その後、閉店）、休みになると、ここに朝十時の開店から、閉店の七時までずっと居続けたんです。立ち読みで、何冊も読み終えて、帰りになにか文庫を一冊買って帰るという。ほんと、書店にしたら迷惑ですよね」

ところが、父親が小遣いをくれない人だった。しかし、どうしても本は欲しい。そこで本代は小学校のころから自分で稼いだという。いったい、小学生がどうやって

前野久美子さん。調理師免許も持つ異色派

……。

聞くと、手芸でキーホルダーやフェルトの人形を作っては同級生に売ったというのである。そうして本を買う小遣いを自分で稼ぎ出していた。

「編物ができるようになると、自分で手編みのセーターを編んで、それを友だちん家《ち》に着ていきました。友だちの母親がそれを見て『あら、いいわねえ。へえ、自分で編んだの。えらいわねえ。カーディガンなんかも編めるかしら』と言ったらこっちのもので、さっそくカーディガンを編んで編み賃を五千円ぐらいもらったり……。へへへ」

へへへ、って。

高校になると、大っぴらにバイトに打ち込める。農協の仕事で、苗を作る作業で春休みに十万円もらったこともあるというが、およそ、女子高生が思いつくバイトではない。そのころから「働くのが大好き。なにか仕事をしていないと落ちつかない体質」の女の子だった。

太宰治、金子光晴の毒がまわり

読書の趣味はずっと続いている。中一で太宰治の『人間失格』をタイトルに魅《ひ》かれて読む。この太宰体験はあとまで尾を引く。金子光晴も好きになった。昭和の初め、徒手空拳でアジア、そしてパリをさすらった詩人の軌跡が『どくろ杯』『西ひがし』『ねむれ巴里』などの紀行文に刻み込まれている。その生き方に郡山の女子高生は魅せられた。

「郡山は狭い町。でも、世界はここだけじゃないんだ、と思いました。ここだけじゃない世界をこの目で見てみたい。世界中を旅してみたい。金子光晴をそんなふうにぞくぞくしながら読んだんです。金子光晴を通して、山之口貘という詩人の存在を知ったり。とにかく、人の見方、人の価値の置き方などを学んだと思います」

しかし十七、八の柔らかい魂に、永遠の放浪詩人の毒は強すぎたのか、その熱が、前野さんの人生航路を、真っ当なコースから逸《そ》らせていくのだった。大学受験のため上京するが、受験勉強をしながら、どこかでこのまま大学へ入って、みんなと一緒に大学へ毎日通うというようなことが馬鹿馬鹿しく思えてきたという。太宰治や金子光晴から受けた文学の毒がそうとう身体に回っていたようだ。

「受験するため一週間、下宿したんですが、その下宿仲間と毎晩飲み歩くようになって、二日酔いのまま受験会場に行って、机に向っても教室がグルグル回ってる（笑）。もちろん落ちました」

白旗を掲げて郡山へ戻ったが、浪人を許してくれるような父親じゃなかった。もともと「女が学をつけるとロクなことはない」と考えるような旧式の人で、とにかく手に職をつけろ、と言い渡される。前野さんは料理が得意だったことから調理師学校へ通うようになる。学校は仙台。いま、奇《く》しくも「火星の庭」のある街だ。父親の考え方には反発もあるが、家を出て一人暮らしができるという「解放感」は捨てがたい。一年、調理師学校に通い、免許を取る。これがあとあとまで効《き》いてくる。

ところが、就職先として選んだ場所が、なんというか、やっぱり文学の毒が回っているとしか言いようがない。

「太宰の『津軽』が好きで、一度は太宰の生家『斜陽館』（この頃は旅館となっていた）を訪れたいと思ってたんです。行ってみると、なんにもない辺鄙《へんぴ》な町でショック、五千人くらいしか住んでいないんですね。でも『斜陽館』をひと目見て、わたしが働くところはここしかない、と、その場で『働かせてください』と志願したんです。斜陽館の人も困ったと思います。いきなり若い娘が。いちおう身元を聞かれて、親の了解を得たらということでOKをもらいました。でも、うちの父親に了解を得られるわけがない。得たことにして住み込みで働き始めたんです」

太宰の生家に寝泊まりできる、と心をときめかせたが、従業員の宿舎は別棟のプレハブ。日本に水商売で働きに来た十五、十六のフィリピーナの女の子たちと一緒に押し込まれた。月給はどんなに働いても七万五千円。しかも一日五百円の食費を差し引かれた。しかし、お金を使う場所なんかどこにもないのだ。そんな安い給金でも一年で六十万円も貯まった。

北風吹く頃ともなれば、ああ津軽半島冬景色。プレハブの宿舎はすきま風が吹き込み、朝起きたら、顔に霜が降り、鼻の中が凍っていた。厳寒の陸の孤島で、雪でとざされる閉塞感に前野さんの太宰の生家という憧れがみるみるまにしぼんでいく。しおれて故郷に帰ったか。もちろん、そんなことはしない。

調理師、ホステス、編集者を経て

「本屋で『ａｎａｎ』を買ったら、六本木で京料理の店がオープンする記事を見つけたんです。読んでいるうちに、何か魅かれるものがありまして、すぐに青森から電話を店にかけたんです。雇ってほしい、って。本当は求人はしてなかったんですけど、いろいろ喋っているうちに、じゃあ一度会いましょうって」

それからの行動は早い。すぐに夜行バスに乗って翌日の夕方にはもう六本木に着いていた。店のオーナーでもある女将《おかみ》は「本当に来たの！」と驚いた。前野さんの手には、お土産に「田酒《でんしゅ》」という青森の地酒の一升瓶がぶら下がっていて、即採用。その一升瓶が効いたとは後で聞いた話。京都で数店を展開した後、六本木に進出したばかりのこの店は、やり手の女将が切り回していたが、かねがね自分の右腕をと考えていた。そんなところに、昨日まで青森の「斜陽館」でガタガタ寒さに震えていた破天荒な娘が飛び込んできた。前野さんには、初対面の相手の警戒心を一瞬にして解く力があるらしく、ほとんどもうこのとき、女将は「この娘はものになる」と見込んでしまったようだった。

すぐに赤坂九丁目の高層マンションの一室を貸し与えられて、六本木の店をほとんどまかされるようになった。これが平成元年、前野さんは東京で二十歳を迎えた。

「私には『やりたい』がないんです。『やる』しかない。『やる』といったん決めたら、どんなことをしても『やる』。それだけなんです」と前野さんは語る。話を聞いてまだ一時間も経たないのに、こちらもそれはそうだろうという気になっていた。この人なら、「やる」と決めたら、どんなことでもやりとげるだろうと。

朝五時には築地の場内市場へ買い出し。最初の日はハイヒールを履いていってしまうほど、魚のことも市場のこともなんにも知らなかった。まぐろ、鯛、きんき、ほっけ、目の前に並ぶ大量の魚を売り買いする戦場のような現場を見て「おもしろい」と思った。店には朝六時に入り、夜の十二時まで働きづめ。部屋に帰るのは深夜二時になる。

「ちょうどバブルのまっただ中で、店にはテレビ局やマガジンハウスを始めとする雑誌社の人、それにテレビでしか見たことのないような女優さんが次々と現れました。毎日が夢を見るように過ぎていって、ほとんど寝る間もなかったんですが平気だったんですね」

夢は目の前に現実に起きているから、寝ている間は夢も必要ないということか。それから一年、すっかり女将っぽい雰囲気が身についたころ、前野さんの「違う世界をみたい」病が始まる。店にお客として来ていたキッコーマン本社の幹部が、ちらりとドイツの同社直営の料理店で調理師を探していると漏らした。それまで男性のみの採用だったが、帰国してから職がないというので、ロクな人材が来なかった。試しに女性を使ってみるか、と話が出たところだった。

ここまで書けばおわかりだろう。そう、前野さんはドイツに行ってしまうのだ。いったい、いつになったら我々は火星の庭に降り立てるのか。話を聞いていても、成層圏を超えて、衛星の周回軌道を回っているような、心細い気持ちになってくる。だから、ここからはフィルムを少し早回ししますよ。

青森から東京・六本木、そしてドイツへ。フランクフルトの日本食レストランで働き始めた前野さん。労働組合がしっかりしているドイツでは、一日八時間以上は働かず、週休三日、年に二カ月の長期休暇があった。これを利用して、安いパックを見つけては、オランダ、スペイン、アフリカと旅行をする。物おじをせず、なにごとも「やる」と決めたらやってしまう積極性は、ヨーロッパの人々や文物に触れ、海綿が水を吸うように、さまざまなものを身につけていく。日本を出て、二年という月日が過ぎていた。ここで一冊、本を書けば、前野さんにはまた別の光が当たっていたかもしれない。

「いろんな国を見るようになってから、ヨーロッパ社会があまりに完成され過ぎているな、と感じるようになりました。例えばキリスト教一つとっても、そこには疑いがない。疑う構造がない、と言ってもいい。逆にそこに私は疑いを持った、というか。そうして今度は外から日本を見ると、日本人には信仰心は薄いかもしれないけど、日本人にしかない感性もある。日本という国を見直すようになったんです」

結局、帰国して仙台駅の駅前に立った時、前野さんにはその先、何のあてもなかった。実家の父親とは、ドイツへ行く段階で猛反対され絶縁状態。とりあえず駅前の喫茶店に入ったが、目の前を猛烈に忙しく通り過ぎていく日本人が亡霊のように見えた。前野久美子まだ二十三歳。ふつうなら大学を出て就職一年目の不安と期待に胸ふくらませる新入社員、という年齢なのに、もう二回ぐらい人生をやり尽したような感じだった。

あまりにめまぐるしい跳躍続きの明け暮れが心身に過剰な負担をかけたのか、このあと一カ月ぐらい失語症にかかった。ドラマなら画面はモノクロに変わり、重い音楽がバックに流れるところだ。しかし、画面は再びカラーに。軽快なテンポの音楽が鳴りはじめる。

前野さんは「荒療治」という言葉を使ったが、気の抜けたビールみたいな自分に活を入れようと、なんと仙台市内K町でホステスになる。和服に身を包み、お酒を飲み、いやでも人と喋らなくてはならない。これぞ荒療治だが、少々荒っぽすぎたのか、ある日身体に激痛が走り入院。婦人科系の病気だったというが、病院で受けたホルモン療法に疑問を抱き、自然療法に関心を持ちはじめる。

退院後に就いた職が、ニューエイジ系の書籍を出版する「カタツムリ社」という会

もちろんカフェのコーヒーも美味しい。食事メニューも充実

「火星の庭」。イベント会場としても使われる

社だった。五年間働いた。インタビューに取材、著者とのやりとり、本の流通についても勉強した。

古書カフェの誕生

「知らなかった世界がまたどんどん広がっていく。またたくまに二十代が過ぎていきました。そして夫と知り合ったんです」

お待たせしました。現在、「火星の庭」を一緒にきりもりするパートナーである健一さんと出会い、半年有効の航空券のチケットを買って、二人でヨーロッパ十数カ国を巡る旅に出る。ここでかなりの数のブックカフェと巡り会う。以前ドイツにいた頃、休みには一日中ブックカフェの椅子に座り、ただ隣りに座った人の肌のぬくもりを感じつつ、過ごした時間が甦ってきた。

帰国した時、夫婦ともに身分はフリーター。ここでまたいろいろあるのだが、なおもフィルムを早回しして、「ヴィレッジヴァンガード」仙台店に就職するところまで話を持っていく。「ヴィレヴァン」については説明不要だろう。「遊べる本屋」をコンセプトに本と雑貨や玩具を一緒に陳列する商法で、一九八六年名古屋一号店を皮きりに、またたくまに全国規模のチェーン店となっていった。それは社長の菊地敬一の遊び心が、いわば形となった本屋だった。仙台に進出する時、面接の席に座った大勢の応募者の中から、前野久美子さん以外を選ぶはずがない。

前野さんは「ヴィレッジヴァンガード」仙台店の書籍部門をまかされる。一年たった時、郊外に移転するが、気の合わないオーナーに代わって前野さんはまたもや職を失う。というか、ケンカしてやめたのだ。それに時は一九九九年十二月。翌月はもう二〇世紀最後の年。跳躍の人生にもそろそろ疲れ、機はじゅうぶん熟していた。

ヨーロッパの街角で、ひとときの慰安を得たブックカフェを自分でもやってみよう。決めたら行動は素早い。二人で物件探しとセドリを並行して行い九十の不動産屋、百五十の物件に当たって、仙台市の中心地からは少しはずれるが広い道路沿いの店舗を見つけ契約。ブックカフェをやると決めてから、たった四カ月で開店にこぎつけた。

店の半分は古本屋、あと半分がカフェスペースで、ここがイベント会場に早変わりもする。本棚には詩集や小説などの文芸書、人文書、映画と音楽、児童書や絵本も充実している。金子光晴や開高健は好きな作家だから切らさない。

カフェのメニューも、古書カフェとしては本格的だ。京料理、フランクフルトの日本食レストランでの体験、海外のあちこちを旅した食の記憶を生かし、国産小麦天然酵母のパンで作ったトースト、タコライス、セイロンカレーなど、すべて一から手づくりのものを出している。ふりかえれば内外で調理師をし、海外放浪もした、水商売も編集者も経験し、ユニークな新刊書店にも勤めた。前野さんはいま、こう考える。

「そうしてみると、十八の歳から今までが、ずっと『火星の庭』を始めるための長い準備期間だったように思えるんです」

開店以来、友部正人が店で歌ったり、蔵書票展や製本教室を開いたり、東京で話題になった「一箱古本市」の仙台版を店内で催すなどさまざまな企画、イベントをこれまでに挙行。オープンからはや八年が過ぎ、「火星の庭」は仙台の地に定着し、留まる場所は決まったが、前野久美子さんは変わらず今日も明日も跳躍し続けている。


（2007年1月）

＊二〇一一年三月十一日、東日本大震災が仙台市を直撃、さいわい「火星の庭」も前野一家も無事だった。前野久美子さんは、二〇一一年一月に編著『ブックカフェのある街』（仙台文庫）を刊行。

book　cafe火星の庭（2000年開業）
〒980-0014　仙台市青葉区本町1-14-30　ラポール錦町1F
TEL022-716-5335　FAX022-716-5336
営業時間11時～19時　火・水曜定休
URL：http://kaseinoniwa.com/　E-mail：kasei@cafe.email.ne.jp

●古本と和雑貨が並ぶ——旅猫雑貨店　金子佳代子さん

十年後か、二十年後か、
旅猫雑貨店をこのままニューヨークへ持っていきたいのです。
これが私の最終形の夢です。

東京は雑司《ぞうし》が谷《や》にある「旅猫雑貨店」を訪ねるのに、一番いいアクセスは都電荒川線「鬼子母神《きしぼじん》前駅」で降りることだ。しかし、少し歩く気になれば、たどりつくために幾通りものコースが考えられるのだ。「旅猫雑貨店」（以下「旅猫」）の店主・金子佳代子さんはそのことを知っているからだろう。オープンにあたり「雑司が谷界隈」という特製のイラストマップを作った。これがなんともユニークだ。

普通なら我が店周辺だけをクローズアップさせて書くところだが、北は池袋「サンシャイン60」、南は目白「学習院大学」、西は目白と池袋の間にある「自由学園明日館」、東は護国寺、椿山荘と、ずいぶんエリアを拡大させている。しかも自分の店ははっきり表示せず、「地図のどこかに旅猫がかくれてます」とする始末。たしかに、地図中央やや右下に「旅猫」のトレードマークになった黒猫のイラストが描かれている。なんという遊び心か。また、地図のあちこちに、雑司が谷界隈を散歩する際のビューポイントが示されている。「のぞき坂（東京で2番目に急な坂）」、都電荒川線に書き込まれた「都電唯一の陸橋」、「鬼子母神堂（樹齢600年の大いちょう）」などを見ると、ついつい、この地図片手に歩きまわりたくなるではないか。

だから私も、わざわざ有楽町線「護国寺駅」から遠回りして歩くことにした。護国寺境内を突っ切り、高速道路の下を抜けると雑司ヶ谷霊園。「旅猫」地図によれば、夏目漱石、竹久夢二、小泉八雲、永井荷風、島村抱月などがここに眠る。イチョウを始め、大きな木がたくさんあって、ちょっとした公園を歩く気分。都心とは思えぬ静寂と、清浄なる空気があたりを包んでいる。私もこの機会にと、漱石と夢二の墓にお参りした。そういえば漱石の『こころ』で、先生とKがよく散歩するのがこの霊園だったと思い出す。あとはくねくねと路地を曲ると、いつのまにやら「旅猫」のある弦巻通りに出ていた。

兄の捨てた本を拾って読む妹

ネットで各種和雑貨を販売する「旅猫雑貨店」を二〇〇二年十月にスタート、二〇〇六年十一月十一日には、ここ雑司が谷で古本も扱う店舗をオープンさせた金子佳代子さんは、一九六八年東京都文京区本駒込の生まれ。旧姓は菅野《かんの》。二十四歳で結婚するまで、この実家に住んでいた。二つ年上の兄がいる。このお兄ちゃんも後で出てきます。

少女時代の金子さんに、本との出会いに関する強烈な思い出がある。

「小学校二年生のクリスマスの時、母親が兄に、タイトルはうろ覚えですが、『世界とんち話』というような本をプレゼントに選んで、枕元に置いておいたのですが、朝起きてそれに気づいた兄が、本を見たとたん、怒り出して、『こんなのはいらない！野球盤がいい』と、部屋の隅に本を投げ付けたんです。それで母親も怒って、二人が口げんかを始めた。その間に、私は、兄が投げた本を拾って、二人から見えないように読み始めました。そしたら、それがすごく面白かったんですね。兄はその後、野球盤を買ってもらい、私も何か買ってもらったはずなんですが、覚えているのは、その兄が投げた本の方だったんです」

本を捨てた兄と、それを拾って読んで、本のおもしろさに目覚めた妹。ささいな日常の一こまながら、その後の兄妹の進路を暗示しているようで興味深い。

飯田橋にある嘉悦女子高校から同短大に進み、八九年卒業後は「東急ハンズ」に就職。文具売場を希望したが、配属されたのが電気・オーディオ売場。それもレジ係。「ハンダ付けは覚えた」が、仕事は意に沿わず、一年半勤めて辞めた。辞める直前に、たまたまエレベーターで一緒になった先輩社員の金子さんに、昼食を誘われる。つま

金子佳代子さん。地元商店街にも馴染んでます

奥に見える雑二ストアーは、どこか闇市っぽいマーケット

り、その後、結婚することになる男性だ。

九〇年九月十日をもって退社し、十月十日に金子さんは倉敷（岡山県）へ旅立つ。そこに友人がいたそうだ。二十二歳の秋、だった。と、ここまでは普通だが、行き方が普通じゃない。なんと、会社を辞めた二十二歳は、マウンテンバイクを漕いで、東京から倉敷まで行ったというのだ。およそ、その距離七百キロ。

家族には、「ちょっと旅行に行ってきます」とだけ言って、そのまま走り出した。倉敷に着いたのが二週間後。何も知らせてなかった友人を電話で呼び出し、「来たよ、自転車で」と告げた時は、友人ものけぞった。そりゃあ、そうだよ。

「小さい頃から、なんでも一人でやるのが好きで、しかも冒険好きだったみたいです。まだよちよち歩きをしていた頃、朝、父親が目覚めたら、布団に私が寝てなくて、大慌てで探したら、近くの公園で一人で遊んでいた、って聞かされました」

よちよち歩きが自転車に、近くの公園が倉敷に変わっただけ、と金子さんは言いたいらしい。ちょっと違うと思うがなあ。

輸入雑貨から、和の日用雑貨へ

その後、植木の配送業のアルバイトを経て、池袋サンシャイン60の四十階にある輸入家具雑貨の会社に入社する。最初は事業部のパソコン部門を担当。催事があれば会場づくりも手伝った。のち広報でカタログ制作にも携わる。言われれば、一応なんでもこなせるところがすごい。「器用貧乏なんです」と自分でも言う。

九五年にはバイヤーに昇進。アメリカから輸入した家具や家庭雑貨が飛ぶように売れる。現地へも年に二、三回は赴いた。毎日が忙しかったが、それでもやりがいのある仕事につけて楽しかった。毎晩、帰りは終電かタクシー。ダンナさんとは休みの日も違い、顔を合わせる時間も少なかったが、それでもイヤな顔一つせずに、じっと見守ってくれたという。

「夫は私より七歳年上で、ほんと、私は彼に育てられたという感じですねえ。夫というより親みたい」と言う。

ところが、この会社も八年勤めて辞めてしまう。

「仕事はおもしろかったんですが、社長がアメリカ人で、なにかと細かくて、意見が合わなかったんです」

じつは、植木の配送業も、社長と気が合わずに辞めている。ケンカっぱやいのか。そうではない。よちよち歩きの時から、たった一人で公園へ行ったように、どうも金子さんは、独立独歩が性に合っているらしい。人に使われるタイプではないのだ。さあ、いよいよ「旅猫雑貨店」の姿が見えてきた。

「アメリカの雑貨を扱っていた時から、ずっと思っていたことなんですが、向こうの食器や鍋とか、日本の食卓には合ってないんですね。鍋なんか重すぎたり、どうやって使うのかもわからないものもあった。食器にしても向こうでは手に持って食べる習慣がないから、日本の人は、こんなの買ってどうするのかな、と不思議に思ってました。自分で売っておきながら、ってことですが（笑）。だから、自分が雑貨を扱う店を始めるとしたら、ぜったい〝和〟ものにしよう、って決めていた。みそ汁はやっぱり、お椀で飲んだ方がおいしい」

会社を辞めてから、オンラインショップ「旅猫雑貨店」を始めるまでの二年間、金子さんは何をしていたか。「八年の激務のあとの、静かなリハビリ」と言うが、それを無駄にはしなかった。D・T・Pの勉強をするため、ネットのHPで知った雑司が谷のグラフィックデザイン事務所社長に相談した。すると、「お金を払って勉強するなんてバカらしい。うちで給料を払ってあげるから、仕事をしながら覚えなさい」と言ってくれた。

柳宗悦の「民芸」に興味があり、駒場にある「日本民藝館」を訪ねたり、小金井の「江戸東京たてもの園」へも何度か足を運んだ（じつはこの博物館にある「荒物屋」が、「旅猫」のモデル)。見るべきものは見て、聞くべきことはこの際聞いておこうと思ったのだ。

それからカメラ片手に、東京の町中を歩き回ったのもこの頃。ブロック塀に開いている穴のかたちに興味を持ち、それを写真に撮ってはHPで公開していった。金子さんは東京だけで、約百五十種類の穴を発見、撮影して写真を掲載した。そうするうちに、いつのまにか「ブロック塀の穴」友達ができて、珍しいものを見つけて投稿してくる人が増えてきた。二十種類もの新「穴」を投稿してきた小学一年生もいたという。それはアナどれない。

輸入雑貨店でのバイヤーの実績、D・T・Pの技術、それに東京散歩を含め、いろいろなものを見聞きした体験をかたちにしたのがオンラインショップ「旅猫雑貨店」ということになる。扱うものは、ふきん、手拭い、箸、湯のみ、茶筒、風鈴、孫の手、湯たんぽと、日本家屋に似合う日常雑貨ばかり。そしてやがて、そこに「本」が加わる。

オンラインショップにはない接客販売の手応え

「二〇〇三年の秋、神田古本まつりの時でした。たまたま神保町へ用事があって、

店内には、古本と和雑貨が違和感なく並んでいる

『いもや』で天ぷら定食を食べて、外へ出たらすごい人だかりが……そこで初めて『古本まつり』が開かれていることを知りました。元々本は好きでしたし、古本屋も時々覗いていましたが、『古本まつり』は初めて。そこで三谷一馬の『江戸商売図絵』の元本（青蛙房）が六千円で出ていたんです。中公文庫版は持っていましたが、函入りの元本は見たことがなくて、欲しい！　とすぐ思って、銀行でお金を下ろしてきました。その日は、ほかにもあれこれ、全部で二万円くらい買ったかな。こういう本に、自分で値段をつけて並べられたらいいな、と思ったのはそれが最初です。和雑貨と古本……アリだな、と思ったんです」

以後、和雑貨と一緒に「旅猫書房」として、古本も販売するようになった。旅猫にはそれまでにも〝お品書き〟という取り扱い品目に「紙」というジャンルがあり、カルタや和紙のフォトフレームなどを扱っていた。本と隣接した商品群である。

それからは、阿佐ヶ谷の古本屋「元我堂《がんが》」で、週一回店番をしたり、〇五年と〇六年の春の連休に、谷根千エリアで開かれた路上での古本フリマともいうべき「一箱古本市」に参加したり、〇六年六月の神田古書会館「アンダーグラウンドブックカフェ（UBC）」では雑貨を出品、同年七月の松坂屋「銀座ブックバザール」という古本市でも古本を売るなど、オンラインをはみだした活動が増えていく。またどこでも、旅猫の雑貨と古本はよく売れた。接客しながら、目の前で自分が選んで並べた物が買われていく。金子さんは、接客販売にオンラインショップにない手ごたえを感じていた。

「とくに二〇〇六年の一箱古本市、UBC、松坂屋は、私にとってホップ、ステップ、ジャンプという感じで、もうやるなら今年だ、と思ってました。今年勝負しないと、もう（リアル店舗は）できないぐらいに考えていた」

ALWAYSの街で

物件探しでは、最初、中央線沿線を考えた。しかし、家賃が高いのと、すでに古本屋の激戦区。雑貨と古本を売るというスタイルでは食い込む余地がないように思えた。雑司が谷の物件はネット検索で偶然見つかった。二階つきの一戸建てというのも気に入った。家賃は六万八千円。内覧すると、元は四十年営業したパーマ屋だったという店舗は、床も壁もかなり傷んでいた。とくに二階は真っ暗で、ベニヤの壁が波打ち、天井の穴にはガムテープが張ってある。不動産屋もこれはひどいと思ったらしく、「家賃はお好きな値段に下げますよ」と言った。一日考えて「五万八千円なら借ります」と答えて商談成立。

八月一日から入居、ということになり、それからオープンの十一月まで、電気の配線以外の改装はすべて金子さん自身と、父親の手でやり遂げた。

「父親は日曜大工程度の腕なんですが、とにかく器用で、私もその遺伝子を受け継いでいるらしく、親子で夏の丸一カ月、ほとんど毎日のように、ここへ来て働きました」

金子さんとお父さんは、最初二階に上がり、天井のガムテープを剝がした。すると穴から青空が見えたという。普通なら顔をしかめるところだが、この親子はにやりと笑った。「やりがいがある」という合図だろう。この頼もしい親子の奮闘があって、賃貸にかかる費用、改装費、什器《じゅうき》の類まですべてひっくるめて開店資金は百五十万円で収まったというから驚く。普通なら業者を入れて、その二倍、三倍は軽くかかるはず。

入居してみて、雑司が谷にあるこの弦巻通りの商店街が、「旅猫」を始めるのに絶好の場所だったことに金子さんは気づく。

「ほんとうに、ドラマを見ているみたいで。目の前のおイナリさんを売っているお店のおかみさんは、店の前を通る人に次々声をかけていくんです。子供が学校から帰ってくると、よその子供なんだけど大声で『お帰りいっ!』、すると子供も『ただいまっ!』って返事をする。この町に住む人みんなが顔みしりみたいで。また大家のおばあさんが豪傑で、この辺りの地主さんなんですけど、入ってくるなり『ごはんだけは心配しないで』って。事実、毎日、おやつや昼食、晩ごはんのおかずまで何かしらを持ってきてくださる」

弦巻通りには大きなスーパーもなく、八百屋、食堂、パン屋、理髪店など個人商店が昔ながらの商売を続けている。まるで全盛時の日本映画さながらの、昭和三十年代光景がそこに広がる。いまにも岡持《おかもち》を提げた、中華料理店の大将・桂小金治が店から飛び出してきて、王選手の頭を刈りたがる理髪店の三木のり平と会話を交わしそうだ。

ところで古本の話。「旅猫」古書部は、店内の右の壁一面に陳列されている。ジャンルを目で拾っていけば、「食」「お茶・和菓子」「民芸」「職人・工芸」「草木染め・染織」「自然」「京都・東京（江戸）」「子ども（遊び）」「汽車・旅」「釣り」「猫」といったところ。普通なら「趣味」でくくられるジャンルを、さらに「旅猫」流に踏み行って、細かく分けた感じだ。

そんななかでも、切り絵の「滝平二郎」だけは、個人名でコーナーが作られているのが目を引いた。「たきだいら・じろう」は一九二一年茨城県生まれ。日本の切り絵作家の第一人者で、斎藤隆介と組んだ『ベロ出しチョンマ』が代表作。金子さんによると、滝平の屋敷が「旅猫」と同じ雑司が谷にあった。

「都電荒川線沿いにあったそうですが、じつは夫の実家が、この近所にあった頃、義姉は滝平さんの家に遊びに行ってるんです。なんでも、相当に古い洋館で、周囲の子どもたちは『異人館』とか『お化け屋敷』と呼んでいたそうです。そんな話を聞いて

この黒猫が目じるし

から、少しずつ滝平さんの著作を集め始めました」

旅猫が結ぶ夢

雑司ヶ谷霊園を核として、その周辺に散らばる地縁を、金子さんは「旅猫」を使って蒐集しているように私には思えた。その雑司ヶ谷霊園と「旅猫」を結ぶ素敵な話がある。「旅猫」の大家さんは、かつて雑司ヶ谷霊園前で花屋を営んでいた。花を売るだけではなく、貸座敷を置き、法事などの集まりに使ってもらうようにしていた。霊園にある竹久夢二の墓に参る会が催された際、そこに参加した女性が、大家さんに告げた。「夢二も猫が好きだったけど、猫を大事にすると商売が繁盛するわよ」。その日から何十年も、大家さんは雑司ヶ谷霊園に住みつく猫たちに朝昼晩と一日三回エサをやり続けた。女性のお告げ通り、商売は上向く一途だったそうだ。「日本昔ばなし」みたい……。

「猫を大事にする」大家さんのところに、店子として飛び込んできたのが「旅猫」金子さん、というわけだ。飛んで火に入る旅の猫。その大家さんに、東京散歩の写真を見せていると、ある一枚に釘付けになった。五年前、たまたま雑司が谷の風景を撮ったなかに、猫に餌を上げている女性が写っていた。大家さんが叫んだ。「あらいやだ。

ちょっと、これ私よ!」。この地に店を持つ前に、すでに金子さんは大家さんと出会っていた。なんとも不思議な話だ。

また、「旅猫」では、包丁やハサミなど刃物の研ぎも受け付けている。金子さんの兄・菅野貴之さんは、築地の魚市場で働きながら、副業で研ぎ師もやっている。目の前で見たが、客は大切に使ってきた刃物を「旅猫」に持ち込む。その受け渡しの際に、ちょっと本棚を覗いていく。包丁が媒介になって、本や雑貨が売れていく。それは素敵な光景だった。

最後に金子さんには夢がある。

「まだ誰にも言ったことがないんですが、十年後か、二十年後か、旅猫雑貨店をこのままニューヨークへ持っていきたいのです。これが私の最終形の夢です。地方の人が東京に憧れるように、東京っ子の私は、ニューヨークに憧れているんです」

ニューヨークへはこれまですでに十五回ぐらい行っているという金子さん。とにかく歩き回って、街や店を見てきた経験から、「和雑貨と古本の店」が入り込む余地は大いにあると思っている。頼もしい。だから突然、ある日「旅猫雑貨店がニューヨークで開店しました」という案内が届くかもしれない。そうしたら、私も植草甚一みたいな、お洒落で古本好きの老人になって、「旅猫雑貨店」ニューヨーク店を訪ねることにしよう。

（２００７年２月）

旅猫雑貨店（２００６年開業）
〒１７１-００３２　豊島区雑司が谷2-22-17　ＴＥＬ０３-６９０７-７７１５
営業時間12時〜19時（日曜・祝日は11時〜18時）月曜・火曜定休
URL：http://www.tabineko.jp

●絵本と古本とギャラリーと――ブックギャラリー　ポポタム　大林えり子さん

古本と絵本だけでは商売は難しい。でも、奥の一部屋をギャラリーとして使えば、なんとかなるんじゃないか、と思った時には、もうやる！　と決めていました。

アフリカに住むカバのお医者さん「ポポタム」は名医なのか、迷医なのか。片方の目玉を失ったゾウにはガラス玉を埋めてやり、前よりいっそうものがよく見えるようにしてあげる。かと思うと、バラバラになったワニの死骸を、ポポタム糊でくっつけて生き返らせてしまう。ところが、頭と尻尾をさかさまにくっつけて……。『名医ポポタムの話』は、フランス生れの作家、レオポルド・ショヴォーが書いたお話。そんなユーモラスなカバのお医者さんの名前をつけたブックギャラリーが、東京・目白の閑静な住宅街（住所は西池袋）に、二〇〇五年の春、突如出現した。住所を聞いて、訪ね歩いてみるとわかるが、本当にこんなところにお店があるのかしらん、と不安になった頃、それはいきなり現れるのである。大きなウィンドーから路面に光がこぼれ、思わず中を覗きたくなる。

そう、そこが「ポポタム」。

ずっと前からそこで営業していたような、年季の入ったガラス扉を開けると、右側壁一面に絵本や児童書、マンガや文芸書の詰まった大きな本棚、周囲には花畑の小さな花のようにあちこちに散らばる数々の雑貨、そして正面奥には、柔らかな光に包まれたギャラリーが目に入るはずだ。

取材したのは四月末、連休前の小雨の降る平日の午後だったが、それでも、ほとんど絶え間なく、戸が開いてお客さんが入ってくる。なにかのついでに寄ったというより、この店をめがけて、わざわざ出掛けてきたと思しきお客さんばかりだった。若い女性、子ども連れのお母さん、そして帽子をかぶった初老の男性と、客層もさまざまだ。

絵本のようだった田舎での暮らし

そんなお客さんを笑顔で迎える大林えり子さんは、夫のサワダトールさんとともにこの店を作った。一九六九年、今は三豊《みとよ》市となった、香川県三豊郡財田《さいた》町の出身。県の南西部、町の中央を財田川が流れ、なだらかな低い山々に囲まれた風光明媚な……大林さんの言葉を借りると「要するに田舎、ですね」。

高校教師の父、そして母、二つ年下の弟とともにここで暮らしたのは中学まで。高校からは、学校へ通うために丸亀市にいた母方の祖父の家に下宿する。

「おじいさんと二人で暮らしてました。いえ、ほとんど会話もなく、食事も別で、酒屋をやっている祖父の家とは違う棟に寝起きしていましたから、生活もまったく違うんですね。私も食事から洗濯、朝の弁当作りまで全部自分でやってました」

そうてきぱきと話す大林さんの向こうに、親から自立し、早くから自分を自分で育てて律する高校生の姿が見えてくる。

「じつは、三歳の頃にも、一度この祖父の家に一年間ほど預けられているんです」

と、途中で思い出したように大林さんが語り始めた話がなんともファンタスティックだ。

おじいさんは、家庭菜園をしていた。自給自足、野菜ならなんでも作る。人糞、牛糞、鶏糞を混ぜて堆肥を作り、野菜の種を買ってきては、新しい野菜作りにも挑戦していた。かといって、無農薬で農業を！　といったポリシーがあったわけではない。ごく普通に、当たり前のように畑を耕していた。

朝は四時に起き、畑仕事をした後、一人で食事をし、それもごはんを決まった量、一度に炊き、おかずは目刺と味噌汁、昼は麵類と判を押したように決まっている。夕方、四時ごろになると、店から冷えていない瓶ビールを持ってきて、半分ほど美味しそうにのむ。缶ビールは嫌い。あれはまずいから。そんなおじいさん。

「店の中で立ち飲みもできる酒屋でしたから、いろんな大人が集まって来ました。店の前や、近くの神社で独り遊びをしていると、そこにもいろんな人が来る。いま考えると、口のきけない人や、知的障害を持っている人も、あたりまえにみんな一緒にいましたね。キンちゃんという、腰にラジオを下げたおばあさんがいて、いつも神社の境内で腰かけていました。きれいな包装紙を缶に溜めていて、一枚、私にくれるんです。それが欲しくて、キンちゃんを探して神社によく行っていた」

まるで、スズキコージや片山健が描く絵本の中に迷いこんだような世界だ。

高校三年の時、一年休学してアメリカ

大林えり子さん。ライター時代に絵本と出会う

でホームステイをしていた、という話にも驚いた。

「外国に住んでみたい、ってわけでもなかったんです。一人暮らしがしたくて、実家を出て祖父の家に下宿するんですが、すると今度は、また別のもっと外へ出たくなる。何だろう、いつも自分のいる場所に違和感を感じている。ここじゃないどこかへ行きたいと思ってたみたいです」

ウエストバージニア州のシアーズさんという、アメリカの通販会社みたいな名前の家に十カ月ほど住み、地元の高校へ通う。シアーズさんの家には、両親のほか、三人の娘にネコと犬がいた。

「ホームシックですか？　かかりましたね。来て一カ月ぐらいで泣いて（笑）、なんでこんなところへ来たんだろうって。すぐ慣れましたけど」

古本の世界への接近

じつは大林さんは本をあまり読まない高校生だったそうだが、このホームステイ時代には一生に一度、というほどよく読んだ。

「日本語に飢えてたんでしょうね。日本から持ってきた岩波文庫二、三冊をすぐ読んでしまって、今度は、文庫の後ろについている目録を見ては、読みたいものを両親に手紙で知らせて送ってもらっていました。この時期に、岩波文庫の現代日本文学の大半を読み尽したんじゃないでしょうか」

帰国して、一年遅れで三年生をやり、大学受験を迎える。国語と英語しかできないので国公立は無理。東京の私学三校に的を絞って勉強した。受験科目にあった小論文を特訓するため、若い国語の男の先生に文章をみてもらったら、真っ赤に直しが入って返ってきた。

「日々のこと、ふだん思ってることなどを書いたんですが、真面目な先生で、返ってきた文章を見たら『かつてカントはこう言った』みたいなことが書かれてあった。それからその先生と、交換日記……というと変ですが、私が文章を書いて先生に渡し、それにまた先生が返事を書くということが始まったんです。大学ノートに何冊も溜まりましたね」

でも、結局その小論文特訓は役に立ち、晴れて早稲田大学文学部に合格し、上京する。アメリカのホームステイで一年、余計にかかっているから、大林えり子さん十九歳、一九八八年の春のできごとだった。

東京へ出てきて住んだのは中央線「西荻窪」。四年間、ずっと西荻だった。大学へはまじめでもなくふまじめでもなく通った。早大のサークルに所属していないような

落ち着いた店内には、児童書、絵本などのほか、ポストカードなどのグッズも

同級生と仲良くなって、一緒に美術展、ライブハウス、映画館、小劇場などに通った。そして夜は飲んだ。その仲間の中に、現在のパートナー、サワダトールさんもいた。

西荻に住むようになってから、大林さんは古本屋へも足を運ぶようになる。文学部の友人は本好きが多い。いろいろと情報を教えてくれた。

「村上春樹って、いいよ。知らない？」と友人がある日言った。

「私、平気で『知らないよ』って言ってましたから。今パリに住む友人からも、山下清や深沢七郎といった存在を教えられて、古本屋で安い本、おもしろい本を探すようになりました。下宿までの帰り道に、新刊書店ですがユニークな品揃えの『信愛書店』へもよく立寄って、本棚を眺めてました。根本敬を知ったのもここで、なんだか私が小さい頃に過ごした丸亀の世界と似てるな、と思ったり。根本敬から、中野の『タコシエ』へつながったり、徐々に世界が広がっていったんですね」

バイトに西荻の貸本屋チェーン店「ネギシ」の店番を選んだのも、そんな古本ランド西荻の色に染まったからかもしれない。じつは、短期間だが、古本屋でもアルバイトをしたことがあるという。だが、古本を置く絵本ギャラリー開店までには、まだしばらく時間がかかる。

絵本と保育所仲間と出会って

大学卒業後、人並みに事務職に就いたが、すぐに自分には向いていないことが大林さんにはわかった。就職して一年目に会社を辞めてしまう。じつはもう一つ、理由があった。妊娠したのだ。つわりを「最初、二日酔いだと思ってた」というから、なんともノンキだ。それだけ若くもあった。二十四歳で母親になり、家でできる仕事を、と編集者の友人を頼って、ライターの仕事を始める。出産し、子育てを始めてから気づいたのが「絵本」のおもしろさだった。

「すごい！　って思いました。絵もきれいだし、子どもと一緒に読むと同時に、自分の興味で絵本に手を出すようになる。このころは、町へ出ると、ベビーカーを押しては本屋に入ってました」

母親になって、絵本と出会ったことが、大林さんを新しい世界へ押し出すことになる。「このおもしろさをみんなに伝えたい」と、ミニコミを作ったのが二十五歳。ワープロで文章を打って、コピーして二十部作って配るところから始まった。

「最初は『みる　よむ　ひらく』というタイトルで、のちに『25才児の本箱』に変わる。タイトルを考えたりするのは、ぜんぶサワダです。二十五歳って、雑多なものが入り交じる年齢だと思うんです。そんな人たちに向けて、絵本は子どもだけのものじゃなくて、もっとニュートラルに楽しめるものだ、ってことを伝えたかった」

絵本の楽しさを伝道するミニコミを刷っては、タコシェ、トムズボックス、模索舎などに置いてもらうようになった。それを見つけた雑誌編集者が、絵本の紹介文を書きませんかと依頼してきた。サワダさんと大林さん、二人がこのとき作ったユニット名が、のち店名となる「ポポタム」だった。さあ、「ポポタム」の姿が見えてきた。

子どもを預けていた、石神井にあった保育園「共同保育所ごたごた荘」（現在は練馬区大泉に移転し、認証保育園となる）の存在も大きかった。この保育所は、「あずけっぱなしはごめんです」のスローガンのもと、産休明けの赤ちゃんから小学校就学前の子どもたちを年齢別に分けずに一緒にし、保育者と親が共に保育と運営に関わる保育所だった。

「古本屋・石神井書林の内堀弘さんもこの保育所の親仲間です。『けんか広場』と名づけられた原っぱで、もちつきをしたり、古本市を開いたり、映画の上映会を企画したり、大人も一緒に遊んでいたんです。そのうち、インディーズの寄合所として『はらっぱハウス』という場所を作って、ポポタムで『ｈａｒａｐｐａ』という雑誌を出したのもこの時期でした。そして『はらっぱハウス』では、それまでに集めた絵本や児童書、育児書を貸し出しするコーナーを設けて、一部売ってもいたんですね」

物件ありきで思いついた店

もともと学生時代から、ゲリラ的に学内でフリーマーケットを開いて小遣いを稼ぐなど、大林さんは売ることのおもしろさを知っていた。そんなこんなで機は熟し、絵本ギャラリー「ポポタム」の実が熟れて落ちる直前まで来ていた。ライターとミニコミ制作以外のことで、何かやりたいと思うようになってきたのがこの時期だ。ネットで絵本を売るという方法は取らず、もっとリアルな場を持ちたいと考えていた。

「サワダと、目白の切手博物館でカバのコレクション展というのを観た帰り、また目白駅に戻るのもおもしろくないと思って、椎名町を目指して歩きだしたんです。住宅街をうろうろしていたら、ちょうどこの店と出会った。もとは近くのステンドグラス工房の倉庫として使われていたんですが、それが貸しに出ていて、二人でドキドキしながら、なんかいいねえって」

サワダさんは、とにかく不動産の物件を見るのが好きで、よく、空き店舗を見ては、「ここはどういうことに使えるか」なんて大林さんと話していたそうだ。その物件に出会ったのは、ちょうどミニコミ「ｈａｒａｐｐａ」三号（二〇〇四年）で、高知市にある「沢田マンション」を取材したばかりの時だった。沢田マンションとは、地下一階、地上五階のコンクリート建築を、夫婦二人の力で建てたことで知られる名物建築である。

「ごたごた荘で保育者をしていたSという友人がいて、彼は、大工仕事の得意な独身者なんですが、彼とサワダと私の三人で、じっさいに沢田マンションに滞在して、セルフビルドのおもしろさとか可能性を知って、自分たちでもつくりたい、という気持ちが高まっていたところだったんですね」

ドアに張ってあった連絡先の電話番号だけ控えて、椎名町まで歩き出したが、なぜか気になって、途中で不動産屋へ電話したところ、思いがけず賃貸料は安かった。帰ってから図面を送ってもらうと、意外に中は広く、いろんなことに使えそうなことがわかってきた。

「だから、最初に物件ありき、だったんです。何をやろうか、具体的に決めていたわけじゃなかった。この場所、この大きさで新刊書店は初めから自分では無理だとわかっていた。かといって、古本と絵本だけでは商売は難しい。でも、奥の一部屋をギャラリーとして使えば、なんとかなるんじゃないか、と思った時には、もうやる！　と決めていました」

奥はギャラリーになっている

借りる前に、周辺を調べたが、すぐ近くに自由学園明日館に婦人之友社、びわの実文庫は坪田譲治旧宅、千種画廊は鈴木三重吉旧宅跡と文化施設や児童文学に関わる記憶が点在し、貧しい画家たちが住みついた長崎アトリエ村、のちに巨匠となるマンガ家たちが住んだトキワ荘もかつてこの周辺にあったことがわかってきた。「貝の小鳥」という絵本店も目白駅近くにあるし、美術学校や予備校もある。「絵本と古本とギャラリーの店をやるのに、けっして悪い場所ではない」と大林さんは確信した。

いま、ポポタムを訪れた人は、瀟洒《しょうしゃ》できれいな店と思うかもしれないが、もとはボロボロの状態だったという。予算は百万円以内で、と保育者のSさんに相談し、空間デザイナーの友人にも手伝ってもらい、なるべく新しくものを買わず、できる限り自分たちの手だけで改装することにした。二〇〇五年一月に契約して、オープンまでに三カ月を要した。

「私も床板張りしましたもん。ごたごた荘の親仲間も手伝ってくれて、子どもたちもペンキを塗ってくれました。きれいな店にしなくていい、と思ってたから、むらがあったっていいんです。什器や椅子、机などはほとんどみんなもらいもの。家や店舗を解体する工事現場からも、よくいろんなものをもらってきました。オープンしてまだ二年ほどなのに、昔からやっているように思われるのはそのせいかもしれません」

人気は長新太、堀内誠一、長谷川集平……

いま本棚に並ぶのは、絵本や児童書を含む古本が九割、新刊絵本が一割というバランス。絵本では長新太、堀内誠一、長谷川集平といった作家が人気で、ちょっと珍しいものが入るとすぐ売れる。チェコの絵本も人気商品だが仕入れがままならない。

「二年やってきて、ようやく商売の流れや、足りないところ、整理すべき点などが見えて来ました。それまでは目の前のことでいっぱいいっぱいで、確定申告さえ手がつけられなかった。ギャラリーも絵本の原画を展示するっていうだけではなく、イベントスペースとしてもっと多様なものを組み合わせて企画していきたい。そう考えられるようになってきました」

たとえば「大竹昭子『きみのいる生活』展」では、スナネズミとの暮らしを綴った大竹さんの著作『きみのいる生活』（文藝春秋）に関連した写真と言葉を展示するとともに、大竹さんと絵本作家のスズキコージさんが、それぞれの自著の朗読とトークをするというイベントを行なった。これも最初は、大竹さんの朗読だけの予定だったが、絵本の店ならではの企画にしたいと、大竹さんと親交のあるスズキさんに登場願うことになった。異なるフィールドで仕事をする二人がコラボレーションすることで、来場者にとって別の新しい何かが生まれることを大林さんは期待している。

「よく、絵本を読んで癒される、と言いますが、私は癒されるその次が大事だと思っています。そこから刺激を受けて、自分でも何かをやってみようって思う。ポポタムで企画するイベントもそうありたいと願っています」

絵本あり、古本あり、ミニコミあり、雑貨あり、ギャラリーあり……ポポタムは、訪れた人たちの気持ちをあらゆる方面から楽しませ、高揚させ、刺激する。それはサワダ・大林のユニットが、いつも新鮮に、何か新しいものを感じたいと願っている表れだ。だから、お客さんはここから帰る時、買ったものとは別に、なにかをもらったような気になるだろう。ちょうど、ジャングルにいるカバのお医者さんに診察されたみたいに。

（２００７年６月）

＊「ポポタム」はその後ギャラリーで、絵本以外にもアクセサリー、人形などの個展を開いている。

ブックギャラリー　ポポタム（２００５年開業）
〒１７１-００２１　豊島区西池袋２-15-17　ＴＥＬ０３-５９５２-０１１４
営業時間12〜19時、月曜定休・日曜不定休（展示による）
URL：http://popotame@kiwi.ne.jp

●鉱石標本と愛猫にかこまれて――蟲《むし》文庫　田中美穂さん

店を閉めても、私、することがないんですよ。店の奥の帳場のある畳の間で炬燵に入って、本を読んだり、音楽を聞いたりしてたんです。

蟲《むし》文庫のある倉敷（岡山県倉敷市）へ向う新幹線のなかで、ずっと石田五郎『天文台日記』（中公文庫）を読んでいた。岡山に関係する本を、と思ってカバンの中に入れて来たのだ。大正十三年、東京生まれの天文学者である石田五郎は、縁あって岡山天体物理観測所で二十四年間、副所長として夜空を眺めて暮らしていた。『天文台日記』は、その間の、星々との静かな対話と観測所での仲間との日常を綴った記録。元版は「ちくま少年図書館」だ。

この一九六〇年に完成した岡山天体物理観測所は、当時世界七位の口径七十四インチ大望遠鏡を備え、東洋一を誇る「天文学者ならば一度はお参りすべき『日本の天文

田中美穂さん。著書に『苔とあるく』がある

観測の総本山』」（海部宣男『天文台日記』解説）という。それが倉敷から十数キロ西の山上にあった。倉敷市内にもまた、駅からわずか一キロほどのところに、倉敷天文台がある。どうして岡山に、これだけ天文台が集中しているのか。

じつは、瀬戸内の小島に囲まれた水島灘を望むこの辺りは、比較的雨量も少なく、天候も安定し、空気は澄み、天文観測にはもってこいの地だった。『天文台日記』解説で海部氏は「岡山は日本で一番空気が安定した、優れた観測地だ」と書いている。そんな「安定した空気」の中で、蟲文庫が生まれたことは、私は重要なことだと思っている。澄み切った夜空の下、夜ごと望遠鏡を通して何万光年もかなたの宇宙を見つめ続ける男たちがいたかと思えば、同じ空の下で、うつむいて、地面ばかりを眺めている少女がいた。一九七二年倉敷市に生まれた今回の主人公、「蟲文庫」店主・田中美穂さんの若き日の姿である。

猫とカメのいる古本屋

大原美術館などが並ぶ美観地区の一筋裏手、古くからの町家が軒を列ねる一角に「蟲文庫」はある。この小さな古本屋を一躍有名にしたのは、雑誌「クウネル」（二〇〇三年五月号）に掲載された「苔と猫と古本と。」という記事だった。カラー四ページで、写真はまず、磁石、高度計、野帳などのグッズを入れた手提げを持ち、苔採集に出かける田中さんの姿を写す。続いて、本棚に貼られた植物学者・牧野富太郎のポートレート（田中さんのアイドル、だそうな）。次に一ページ大で、窓際の台に置かれた本格的な顕微鏡と本、本、本。続いて、ルーペで崖に生えた苔をじっと見つめる田中さんのアップ。あるいは、新書版鷗外全集の上に乗っかる愛猫「ミル」。そして、手づくり看板に暖簾のかかった蟲文庫店頭の全景写真。写ってはいないが、この店のどこかにもう一匹の愛猫「ナド」とカメもいるはずだ。

ここで紹介されたのは、ただ客を待ちながら、音楽を聞き、苔を眺め、猫とたわむれ、日がな一日、ふわふわと生きる田中さんの姿だった。これが、読者に衝撃を与えたらしく、以来、「倉敷に変な古本屋がある」という噂は、日本国中に広まり、倉敷に行くなら蟲文庫、がアンテナの高い文化系女子の合い言葉になっていった。その噂は私の耳にも届いていた。その後、二〇〇四年七月一日号の「ブルータス」に登場した記事を見て、居ても立ってもいられなくなった私は、二〇〇五年の夏、噂を確かめに一度訪れ、今回が二度目の訪問となった。

蟲文庫では、いま読んでいる石田五郎『天文台日記』の元本があれば買おうと、口に出したら、「ああ、つい最近まであったのが、売れてしまいました」と言われてしまった。しかも、石田五郎は、田中さんの友人の同級生が石田君といって、石田五郎の息子さんだったそうだ。不思議なところで話がつながるものである。

ちょうど私が店に入った時、本棚の陰にお客さんがいて、しばらくして姿を現した。二十代の若い女性で、話を聞くと鎌倉からやって来たという。父親が倉敷に住んでいて、ひさしぶりに会いに来たのだそうだ。もう一つ、蟲文庫を楽しみにして。

「『クウネル』を見てから、ずっと気になっていて、一度訪ねたいと思っていました。今日はいい日でした」と、微笑みながら店を出ていった。この時ばかりは禁を破って、女性が買った本は何だったかを田中さんに聞いてみると、シモーヌ・ヴェイユ著作集、だという。うーん、と思わず私はうなった。雨の倉敷、父親に会いに鎌倉から来た女性、シモーヌ・ヴェイユ、そして蟲文庫。惑星直列と言いたくなるポエジーな結びつきだ。彼女にとって、蟲文庫で買ったシモーヌ・ヴェイユは、どんな倉敷名産の土産品より、大切な思い出になるだろう。

苔、粘菌に興味を持った女子高生

さて、田中さんの話だ。メガネ、三つ編み、痩身、犬が星見たようなきょとんとした眼差しなど、その風貌は、どこか大島弓子のマンガから飛び出してきた少女のように見える。田中さんは、苔のほか、粘菌、海藻、昆虫なども大好きで、いろいろ採集したり、調べたりしているのだが、どうしたら、こんなに不思議な人が出来上がるのだろう。興味津々だ。

田中さんは倉敷生まれの倉敷育ちで、市外で住んだ経験がない。生家は倉敷駅から三キロほど離れた住宅地にあり、かつては田んぼが広がっていたという。

「レンコンの産地なんですが、ヒトの頭ぐらいある蓮の花があたり一面に咲いて、蓮の花って線香みたいな匂いがするんですが、その匂いが風に乗って運ばれてくる。その匂いに包まれて、あぜ道を歩いたり。雨が降った後など、用水路からカメがはい出してきて、……そんな生活を小さい頃は送ってたんですね。つまり、今とやってることはあんまり変わってない（笑）」

田中さんには年子の弟さんがいるが、生まれた時から心臓が悪く、両親はかかりっきりで看護せねばならず、そのため田中さんは一時期、親戚の家に預けられた。そのとき「私は捨てられた。もう要らない子なんだ」と思った。そのショックは大きく、後々まで田中さんの心に暗い影を落とす。前途危うし！

小学校、中学校と、ずっと学校にも、クラスの友人たちにも馴染めなかった。気安く、打ち解けて話ができないし、たわいなく笑う仲間の輪に入っていけない。「いつもうつむいて、ヒトの背中を見て歩くような少女」だった。

「勉強も運動も苦手で、ただ黙って教室の椅子に座って本を読んでるだけだから、クラスメートも、あんまり覚えてないんじゃないかなあ、わたしのこと」

田中さんに変化が現れたのは高校時代。生物部に入部したところ、顧問の男の先生が粘菌の研究家で、休みになると部員を連れて山の中に分け入る。湿った地面に這いつくばるように顔をくっつけて、みんなで粘菌の採集をするのだ。「粘菌」とは、日本では南方熊楠の研究が有名だが、「変形菌」とも呼ばれる下等菌類の一群で、アメーバ運動をする。植物なんだか動物なんだかカビなんだか菌なんだか、得体の知れない生き物におとなしい高校生だった田中さんは魅せられる。

私も店内にある粘菌の標本を顕微鏡で覗かせてもらったが、えのき茸のような細い茎と、その先についた宝石のように鮮やかな色をした円い胞子が作る小世界の美しさに瞠目した。ここに田中さんが関心を持つ、苔や虫や海藻や鉱石を加えて、それらはみんな、ふだん我々の目には入って来ない。あまりに地味で、とるに足らない世界だと看過しているからだ。しかし、腰をかがめ、地面に顔を近づけ、注意深く観察すると、この世にある、もう一つの世界が見えてくる。つまり宇宙に散らばる星々を観測するのと同じ行為なのだ。

「クウネル」で、なぜ苔が好きなのか、という質問に田中さんは「さあー、なぜでしょうねえ。ただ、花には惹かれないんですよ、昔から」と答えている。突飛なことをしている、という血圧の高さを感じない。あくまで自然体、なのである。

そんな田中さんが、高校を卒業することになったが、進学はしないことに決めていて、それでは何になるか、何ができるか、という時点で立ち止まってしまった。

一冊の本を頼りに開業を決めた

「考えてみると、子どもの頃から劣等感の塊《かたま》りだったので、私って、自分がどうしたいかなんて考えたことがなかった。だから『将来、何になりたいの？』という質問がものすごくイヤでした。まわりの友だちともうまくやっていけない、集団行動が取れない、そんな私に何ができるか。みんなと一緒にしなくていい、という仕事をずっと探してました」

古本屋という仕事にはぴったりだが、それに気づくのはもう少し先のこと。

卒業後は倉敷市内で事務の仕事につき、税務署の下請けで、ずっとパソコンにデータを打ち込んでいた。画面をただじっと見て、キーボードを叩く日々。確定申告の時期になると徹夜が続き、ついに入社十カ月で倒れてしまった。以後、定職には就かず、アルバイトで生計をたてる。倉敷という小さな宇宙で、微かに光り、時に消えそうになる星のような日々だった。

わりあい長く勤めた、アジア雑貨の輸入販売をしている店を辞めることになった時、次はどうしようかと思ったら、すぐ次にもう古本屋をやろうと決めていた。二十一歳になっていた。

「古本屋なら私にもできそうとか、のんびりしてていい、なんて思ってたわけじゃないんです。なぜ、そう思ったのかが、じつはよくわからない。古本屋さんには時々行ってたんです。倉敷駅前からすぐの『ふるほんや　読楽館』のご主人・森川さんとは、話をする仲だったので、ある時、古本屋をやろうと思う、と相談したんですね。そしたら、『ああ、やれるんじゃないかな』とおっしゃったんです。じつは結構ウルサ型の人なのに、そのとき、なぜ賛成したか、今でも謎なんです」

そして森川さんが読むように薦めてくれたのが、志多三郎『街の古本屋入門』（光文社文庫、現在品切れ）だった。当時、古本屋を始めるにあたって、その仕組みや商売のやり方まで詳しく書いた本は、これ一冊しかなかった。

「私は古本屋でアルバイトをしたこともなく、当時はまだネットで本を売る時代でもなく、まったく何も知らない素人でしたので、この本一冊が頼りだったんです」

具体的に何を教わったというより、古本屋をやっていく心構えのようなものが、この本を読むことで出来た。苔を観察している時には、一時間に一メートルほどしか進まない二十一歳が、確かな何かをつかんで、走り出した。

入ってきた客が古本屋だと思わずに……

一九九四年二月、最初に開いたのは、いまの店舗とは別の場所。駅の反対、西側の商業地域にある古い建物だった。

「簡素な、と言えば聞こえはいいけど、ただ古いだけで、看板建築のような古い味わいがあるわけでもなく、家賃が比較的安いのと、駅から近いのがとりえの物件でした。ほかも探したけど、まだ二十歳そこそこの娘が、店舗を借りたいと言っても、不動産屋さんがなかなか相手にしてくれなくて、ようやく貸してもらえた場所だったんです」

田中さんはとりあえず、それまでに貯めた百万円を吐き出して、本棚作りから始めた。

「普通に材木屋さんで買うと、板って高いんですよ。それで、少しでも安いところを探して、卸し価格で小売をしてくれる問屋さんから買ってきました。いっさい、父親からは援助を受けてません。口出ししない代わりに、手助けもしないというタイプで。ただ、本棚を作る時に使う電動工具の使い方と、店を始める時に河出書房から出た日本文学全集だけ寄付してくれました」

この全集と開店当初のことを書いた田中さん自身の文章があるので、以下引用しておく。

〈たいした蓄えもなく思いつきだけではじめたような古本屋です。手持ちの本400～500冊からスタートした後も、本の仕入れはままならず、慢性的な品不足に悩まされました。ふらりと入ってこられたお客さんから「なんでここは本がたくさんあるんですか?」と尋ねられたことがあったほどですから、その惨状はご想像いただけるかと思います。ほとんど売れず場所だけ塞いでいるような全集でも、だからこそありがたいものでした〉

図書室と理科室の雰囲気が合わさったような店内

外から見ただけでは、古本屋とは思えない。知らずに入ってくる客も

古本屋に入って「なんでここは本がたくさんあるんですか？」という質問もないと思うが、じつは、本がたくさん詰まった現在の店舗でも、しばしばこの手の質問が蟲文庫の場合にはある。不思議な店なんだ、蟲文庫は。

当然、店は赤字で、それだけでは食べてはゆけない。だから、お店と並行して、郵便局でのアルバイトをずっと続けていた。じつは、その郵便局でのアルバイトを辞めてもやっていけるようになったのは、ようやく二年前のことである。

炬燵で本を読みながら店番したことも

「アルバイトはしたくてしていたんじゃなく、お店を続けるために、仕方なくやっていました。一緒に郵便局で働いている仲間にも、よく『それなら、店を止めて、こっちでフルで働いたほうがずっと儲かるじゃん』と言われました」

たしかにそうだ。赤字の店を続けるために、その維持費を稼ぎだすために余暇をアルバイトに使うというのは、商売としては邪道かもしれない。しかし、田中さんは蟲文庫を一度も止めようと思ったことはない。なぜなら、そこは初めて田中さんが見つけた、居心地のいい、自分がぴったり収まる居場所だったから。だから店は休まない。特別な用がない限り毎日、開ける。大晦日も正月も開ける。

「店を閉めても、私、することがないんですよ。いや、店にいてもたいして何もしてないんですけど（笑）。だから、冬ならずっと、店の奥の帳場のある畳の間で炬燵に入って、本を読んだり、音楽を聞いたりしてたんです。いつも炬燵に入ってたもんで、親しい友人が言うには、『あなたの二十代は炬燵で過ぎていったわね』って。いまはようやく炬燵からは卒業しました」

店でのあり余る時間は、父親から譲り受けた河出書房の日本文学全集（全三十九巻）を引っぱり出して読んでいた。とくにある巻がお気に入り。最近、棚の肥やしとなっていたその文学全集を全部買っていったお客さんがいて、無くなってしまうと淋しい気がしていたが、なぜか後にその巻だけが、残されていたそうだ。

今の店に移ったのは二〇〇〇年の夏から。

ここは元、煎餅屋をやっていた店舗で、二十年以上空家になっていた。田中さんにとってこの通りは、子ども時代からの遊び場所であり、その後もしょっちゅう行き来している親しみのあるエリアだった。

「こんな場所で古本屋ができたらいいなあ、と思ってたら、何年か後に貸店舗になっているのを知って、よし、引っ越そう！　と、これもあと先考えずに決めてしまったんです」

最初にも書いたが、この辺り、明治から続くような古い木造建築の町家が軒を連ねている。そこに雑貨店やギャラリーが入り、新しい街並を作りつつある。蟲文庫二号店は二階建て。一階店舗部分は、十二畳の土間と、段差のある三畳の畳敷きの間からなる。引っ越してきた時、床にあった赤いレンガを剝がし、白っぽい色の耐火レンガを代わりに敷き詰めた。これで店内がずいぶん広く明るく感じられるようになった。

主力商品は、植物、自然、天文学、昆虫など

玄関入ってすぐ目の前に地球儀を置いた大きな平台があり、さしずめここに置かれた本が蟲文庫の主力商品。植物と自然、天文学、昆虫などの本が並ぶ。店内左手の壁際にある本棚は、順に文庫、音楽、映画、マンガ、民俗学、宗教学、哲学、思想、それにインディーズのＣＤの棚を挟み、新書を並べた棚に至る。このほか、海外文学、幻想文学、歴史、海外、美術などの棚もあり、本好きを納得させるだけの品揃えになっている。

鉱石の標本、蔵書票を展示したガラスケース、絵葉書、雑貨を並べた丸テーブル、「暮しの手帖」や「銀花」を平積みにした台もある。あまり窮屈にならぬよう、バラエティに富んだ品々を、うまく分散させたレイアウトに、田中さんのセンスが光っている。本好きが棚から棚へ目を移していくとき、目の動線と、心の中に生まれる物語を、演出しているように感じるのだ。

平台を撤去したスペースを生かして、これまで様々なライブ、蔵書票展、展覧会などイベントを開いてきた。友部正人は二度、あがた森魚も一度、蟲文庫のステージ（？）に立って歌っている。

「たくさん人が入る場所はほかにもある。うちには無理して三十人強しか入りませんが、その三十人だからこそ生まれるライブ感は貴重だと思います」

私小説作家・小山清に「落穂拾い」という短編がある。著者自身を思わせる貧しい小説家と、「緑陰書房」という小さな古本屋を営む少女との交流を描く小品だ。田中さんは、ある女性から、「落穂拾い」に出てくる少女と似ていると言われたことがある。その後、田中さんは「落穂拾い」を読んだ感想をこう書いている。

〈作中、『僕』から、「よくひとりで始める気になったね」と云われた『少女』はべつに意気込んだ様子も見せず、「わたしはわがままだからお勤めには向かないわ」とこたえます。

このセリフ、わたしも今まで何度口にしたか知れません。なんというか、ほかに云いようもなかったのです〉

これから先、よほどのことがない限り、田中さんが蟲文庫を閉めてしまうことは考えられない。なぜなら、蟲文庫は、もう田中美穂さんそのもの、だからである。

（２００７年４月）

＊田中美穂さんは、ＷＡＶＥ出版より二〇〇七年に『苔とあるく』を刊行。長年の苔観察と研究をまとめた本。現在〝亀〟についての本を執筆中。

蟲文庫（１９９４年開業）
〒７１０-００５４　岡山県倉敷市本町11-20　ＴＥＬ＆ＦＡＸ０８６-４２５-８６９３
営業時間11時頃〜19時頃　不定休
URL：http://homepage3.nifty.com/mushi-b/

●若者もお年寄りも気軽に――トンカ書店　頓花恵さん

敷居の高い店にはしたくない。古本屋に来たことがない、本を読むのが好きじゃない人でも、来れば何か楽しめるような店にしたいんです。

〈北に紫色の山々がつらなり、そこから碧い海の方へ一帯にひろがっている斜面にある都市、それはあなたがよく承知の、あなたのお兄様がいらっしゃる神戸市です〉稲垣足穂は、「星を造る人」（大正十一年）の中で、神戸をそんなふうに書いた。星と飛行機と少年が好きな足穂にとって、「一千一秒物語」を始め、オモチャ箱をひっくり返したような無国籍の世界を描くのに、神戸はうってつけの町だったのである。

しかしそんな神戸を、一九九五年一月十七日午前五時四十六分、未曾有の大地震が襲う。死者六千人を超える、あの阪神淡路大震災だ。神戸の古本屋も大きな打撃を受けた。一例を挙げれば、三ノ宮「サンパル」というテナントが入るビルに、かつて八軒あった古本屋が、その後にできた「超書店MANYO」と以前からある「ロードス書房」を残すのみ。そのほか、市内で古くから営業を続けていた店も、移転、廃業、ネット販売へ移行など、震災前とは古本屋地図がまったく変わってしまった。

そんななかで、光明を見出す話題がある。この二、三年のうちに若い店主によるユニークな古本屋が生まれていることだ。古本屋を巡る若い人たちのあいだで、注目すべき店として必ずその名が挙がるのが六甲の「口笛文庫」、そして今回取り上げる元町の「トンカ書店」だ。一九八〇年神戸生まれの若き古本者・北村知之さんは後者を「ここはかなり面白いですね。店内でコーヒーやネーポンという変な飲料水を飲むことができたり、あとバートン・クレーンのCDなんかも売ってたりして。雑多でハイカラなかんじが、元町らしい古本屋じゃないかなあと思います」と『神戸の古本力』（みずのわ出版）のなかで発言している。「かなり面白い店」「ネーポンという変な飲料水」「雑多でハイカラ」と、北村発言から得た情報だけで、暦の上では春だが、まだ寒い二月某日、神戸「元町駅」に降り立った。

神戸・元町にある店

海から六甲山へかけて、芝生の上に座った女性のスカートのように、最初緩やかに、やがて急な斜面が広がっている。元町駅の北側から続くその緩やかな斜面、トアウエストと呼ばれる商業地域の一角にトンカ書店はある。このエリアも、長らく大人向けの洋品店や飲食の店が櫛比《しっぴ》していたが、震災後、それらが歯が抜けるように廃業していくのに代わって、若者向けのブティック、雑貨店、カフェ、アジアンレストランなどが次々と進出し、東京で言えば、原宿裏通りのような様相を呈している。歩いているのもほとんどが若者だ。

その一角、かなり年数の経った雑居モダンビルの二階にトンカ書店は入っている。その入口が、通りの角を曲がった右手にあるためわかりづらく、ビルの窓にビニールテープで矢印が記してある。これはアイデアだ。

「こんにちは」と声をかけて入口をくぐった私を出迎えてくれたのは、たしかに若い、いまふうのメガネをかけた女性だった。古本屋へ行き慣れた人なら、店番としか思えない。まさかこの女性が店のオーナーだとは想像もしないだろう。

名前は頓花恵さん。つまり奇抜と思った店名の「トンカ」は苗字なのだ。九州・柳川出身の詩人・北原白秋は、地方の方言で「大きな坊や」を意味する「トンカジョン」と呼ばれていたが、私はてっきり、ここの店主も九州出身で、「トンカジョン」から店名をつけたと思い込んでいたのだ。

古いものが好きな女子大生

頓花すなわちトンカさんは兵庫県丹波篠山《ささやま》の出身だった。正式な生年月日を聞くと、「ええっ、そんなこと聞かれるんですかぁ。いいです、いいです」とはぐらかされるも一九七九年と判明。

「だって、二十代って年を言うのも恥ずかしいでしょう。気持ち悪いんです。まだ二十代、なんて。だから早く年を取りたいんです。せめて三十代なら、なんとか気持ちが落ちつくかと思って」

中高年になってから、若い時代を恥じるということはあっても、まだそのまっただ中にいる、しかも女性が、若さを恥じるというのがおもしろい。同時に、これはなかなか手強いな、と取材する側のギアは一つレベルを上げておいた。

さらに、あれこれ聞こうと身構える私に「わたしのことなんか、どうでもいいですから、お客さんのことを書いてください。ほんと、この店は素敵なお客さんばっかりで、わたしなんかよりユニークな方がたくさん出入りされているんです。そのことを書いてほしいんです」と、先手を取られた。ここでまたギアを一つ上げる。

とは言いながら、しつこく質問して聞き出したトンカさんはこういう人だった。

大学へ入学するまで住んでいたのが丹波篠山。兵庫県中東部に位置するこの城下町は、ここ出身の落語家・桂文珍が、どえらい田舎と宣伝して有名になった。ほかに河合雅雄・隼雄兄弟も篠山の生まれ。二〇〇七年「美しい日本の歴史的風土100選」に選ばれたほど、近世の武家屋敷、商家、寺院、それに手つかずの田畑に山河と「日本のふるさとの原形」を残す町なのである。

そんな、うさぎ追いしあの山、小ぶな釣りしかの川で育ったトンカさんは、「ごくごく、平均的な子供だった」という。

頓花恵さん。店名は姓から付けた

「町にたった一軒だけ本屋さんがありまして、雑誌、雑本と雑多な品揃えで、学校の教科書もここが一手に販売していたんです。私は学校の帰りに、いつもここへ寄って本や雑誌を立ち読みするのが日課で……そう、ほとんど買わずに立ち読みで済ませてました。長い小説なんかは、その日読んだところまで、ページへしおりを挟みまして（笑）、次の日にまたそこから読むという……」

それで店の人から注意されたこともない、というから、なんとものどかな光景だ。黒豆にいのしし鍋、それに丹波布が郷土の特産で、流行《はや》りの店もなく、乱開発されることもなく、無菌状態の町で清流のようにトンカさんは成長する。

高校卒業後は神戸西部の四年制大学に進む。初めて親元を離れ、最初の二年は、海沿いの町・舞子に住む祖父母の家から通うことになる。

「この祖父が面白い人で、私と気が合ったんです。よく一緒に展覧会へも行ったりしたんですよ。若い頃は道楽者だったらしく、変な商売をしながら放浪生活をしていたみたい。写真が趣味で、家の中には山の本もたくさんありましたし、本が好きな人でした。でもお金がないと売ってしまうんで、おばあさんが『ああ、あの時、あの本をなんで売ってしもうたんや』とか、『あの本は残しておいたらよかった』とか、売った本のことを悔やんでました」

郷里の篠山の家にも母方の祖父が一緒に住んでいた。どうも、トンカさん、おじいさんと波長が合うようだ。

「篠山の家も古くて、おじいさんから昔の古い話をよく聞かされてました。好きなんですね、古いものや古い話が。そんな生活から、古いものはとにかく大事にしないとダメだ、という気持ちが自然に身についていったような気がします」

鶴田浩二は、そのむかし歌のなかで「古い奴ほど新しいものを欲しがるもんでございます」と言ったが、その逆、「新しい者ほど古いものを欲しがる」とも言えるのではないか。

トンカさんは、本好きの女子大生として、新刊書店へ行くように、神戸、大阪の古本屋を巡るようになる。「古本屋をしてみたい」という気持ちが、だんだん雪のように降り積もってきた。しかし、それは夢として表面化しないまま、大学卒業の時を迎えた。

書店員としての経験をいかす

「四回生（関西では大学四年のことをそう呼ぶ）のとき、スーツを着て就職活動で、あちこち会社まわりをしていたんですが、その途中、たまたまスーツ姿のまま『ちんき堂』さんに寄ったんですね。私のなかでも迷いがあって、それが顔に出ていたのか、わかりませんが、店長の戸川（昌士）さんが声をかけてくださって、たぶん『就職活動たいへんやなあ』というようなことだったと思いますが、そのとき、思い切ってお願いしました」

なんと、トンカさんは戸川さんに「ここで働かせてください」と言ったのだ。驚いたのは「ちんき堂」主人の戸川さん。こう言ってはなんだが、元町駅からすぐの小さなビルの二階にある古本屋「ちんき堂」は、四大出の女子大生が就職させてくれ、というような店ではない。

「ちんき堂」は、中古レコード・古本コレクターの日々を軽妙かつディープに綴った『猟盤日記』シリーズの著者で、サブカルファンから絶大な支持を受ける戸川昌士さんが経営する古本屋。映画、音楽を中心に、ひとクセありそうな本や雑誌を、ひとクセある客向けに並べている。私も大好きな店だが、ピンク系雑誌など、かなりお下劣な傾向の本もあり、うら若き乙女の就職先としてはちょっとどうかと、大学の就職担当者なら頭を悩ませるところだ。

しかし、トンカさんはこのちんき堂で一時期店番を務める。そこで戸川さんの話。

「そう、雇ってください、って言ってきたんです。そんなん、見ての通りや、無理に決まってるやろ、って断ったんです。そしたらバイトでいいから、と言うんで、それならこっちも市場（古書組合の市）へ行くときなんか、留守することもあり、その時だけと条件をつけて、店番に来てもらったんです」

トンカさんは、ちんき堂の影響でお店を開いたと聞いてますけど、と話を向けると

「それはない。あの店は彼女の力で作ったんですよ。店をするノウハウも、その後に

就職した本屋で学んだので、ぼくは何にもしてない」と言い切った。

トンカさんが就職した本屋とは、雑貨と本を融合させたチェーン店と、古本マンガ専門店。どちらも業界に新風を吹き込んだ著名な店だ。

戸川さんの話を聞いて、本だけではなく、雑貨や古着、靴、飲料水まで置くトンカ書店の秘密が見えてきた。ゆるゆる空間のように見えて、要所はがっちり締めるスタイルは、なるほど「ちんき堂」を始め、ユニークな書店の店員経験をみごとに消化し、自分なりにアレンジしたものだとわかるのだ。

今度はトンカさんの番だ。

「『ちんき堂』さんは、客として通ってる頃から好きな店でした。店番を始めて、毎日、いろんなことがあってもなくても楽しかったんです。カルト、マニア向けの本が多くて、私はその時代には生きていないのに、その時代にできた本に囲まれている自分が幸せでした」

その幸せをいつも実感するべく、二〇〇五年十二月二十日に「トンカ書店」は船出する。

お客に助けられ

店は最初、「元町の西のほう、少しさびれたところ」を考えていた。しかし、人が寄る場所として、商業地域の方が有利であることは間違いない。結果、いま入っているビルに空き室があり、広さも家賃も想定圏内ということで決めた。

「ここは店舗面積が十坪、広すぎず狭すぎず、というところですね。以前は物置きに使ってたから、がらんとしていて、店を始めるのにはよかった。とにかく借金（赤字）ができたら止めようと思って始めたから、弱気な出発だったんです」

これまでに登場した店もたいていそうだったが、本棚は既製のものを使わず、特注か手製というのが女性古書店主が作った店の特徴でもある。トンカさんも予算の関係もあって、本棚は自分で作った。見ると、本棚の内側に十センチ間隔で穴が空いている。各棚は、この穴に合わせて、自在に上下で移動調整が可能。頑丈なうえ、うまくできている。

「いえ、これは私一人のアイデアではないんです。ほんとうに、いろんな方に助けていただいて、店を始められたんです」と謙遜するトンカさんに、なおも話を聞くとこういうことらしい。

　少しでも安く本棚を集めようと、昭和レトロの中古雑貨を扱う店を訪ね、店番の男性に「古い本棚を探している」と言ったところ、「古い本棚なんか、何するの？」と聞いてきた。「古本屋をやるんです」というトンカさんに、「へえ、君が？　それはおもしろいなあ。店で使う本棚やったら、買わんでも自分で作ったらええやん」と意外な方向に話が進んできた。それではお店に一銭の儲けにもならないのに……。

「『どんな本棚がいるの？』って聞かれて、『こんな本棚』って説明すると、その男性が図面を描いてくれました。そのほかにも、いかにお金

古本が主力であるが、それ以外のモノも扱う

をかけないで店を作るかをアドバイスしてくださって、例えば、壁紙はお金がかかるから、ペンキを塗ったほうがいいとか。いま店の奥に置いてあるソファも、格安で譲ってもらいました」

震災後、神戸の古本屋が次々と店を閉じてゆく厳しい現実のなか、二十代の女の子がわざわざ新たにその厳しさのなかに飛び込んで行こうとしている。それをみんな、意気に感じたのか、寄ってたかってトンカ書店をもり立てようとする人々が、この古いビルの一室に集まってきた。

「初めて来られるお客さんがいるでしょう。一回、店内の棚をぐるっと見て回って、フンフンとうなずいて帰られたかと思うと、次に来たときに『この店にはこういう本はないでしょ』って、わざわざ本を持ってきてくださるんです。最初は古書組合に加入しようと思っていたんですが、それをせずに済んでいるのは、みんなお客さんがこの店に合った本を持ってきてくださるからです。ほんと、ありがたいです」

質量ともに充実の棚

トンカさんは、本の並べ方や値づけ以外で、自分の店をこうしたいああしたいというい主張はあまりない、という。この店を訪れた客が、自分なりの隙間を見つけて、サブカル、絶版マンガ、手芸の本、あるいは雑貨を持ち込んでくる。それらの集積がトンカ書店を作っている。タイプライター、カメラまで売られているのには驚いたが、メインはあくまで本で、専門書や稀覯本こそないものの、質量ともに既存の古本屋に負けていない。

古本女子とも呼ぶべきコーナーには、竹久夢二、中城ふみ子歌集、室生犀星『我が愛する詩人の伝記』、昭和四年の新潮長篇全集『吉屋信子』、「主婦之友」付録『手軽に治せる家庭療法全集』、こけし本、などが並ぶ。なかなかいいところを突いている。ジャンルを超越し、雑多に見えるが、わかっている棚だ。

ソファのある空間の壁に、画集や写真集を面出しで飾る額がかかっていた。『NEW NUDE2』、丸田祥三『棄景』、東山魁夷『北欧画集』に、なぜか『阪神タイガース展』カタログ。そのディスプレイがなんともお洒落で感心していたら、「あ、それ。拾ってきた窓枠に、100円ショップのタオル掛けをつけたもんなんです」とトンカさんの説明があった。なんや、拾って来た窓枠かい！

ザックバランな店

「ほんと、看板にもあるようにザックバランな店なんです。あ、ザックバランって、うちのおじいちゃんの口癖でした（笑）。私はまだ店を始めてから、本を処分したことがないんです。ぜんぶ、なにかのかたちで生かせている。敷居の高い店にはしたくない。古本屋に来たことがない、本を読むのが好きじゃない人でも、来れば何か楽しめるような店にしたいんです」

その「ザックバラン」さが居心地がいいらしく、ソファがある奥の喫茶スペースに、毎日のように溜まって言葉を交わしあう人たちがいる。そのうちお客さん同士の交流が生まれるようになった。ちなみにコーヒー・紅茶が二百円で飲める。

ちょうど私が取材中、店に本を売りに来た常連らしき男性が、「〇〇でーす」と名乗って入ってきた。ちょっとびっくり。そんな古本屋、珍しいというと……。

「うちはみなさん、そうなんですよ」とトンカさん。

「オープンした当初から来てくださっている、Tさんという五十代半ばぐらいの男性

ビルの入口にあるこの看板が目じるし

のお客さんがいまして、いつのまにかここで若いお客さんと友だちになって、そのうち、『Tさん、今日は来てる？』と聞かれる存在になってしまった」

このTさんが語るむかしの映画や本の話に、子供のような世代の客が耳を傾ける。そんな日々が続き、ついにTさんのお誕生会をこの店で開くまでになった。

また、店でさまざまなイベントを開いている。もらったチラシの一枚が「さよならネーポン　ありがとうネーポン」というイベントの告知。二月十七日から二十八日まで、この期をもって製造中止となる清涼飲料水「ネーポン」を偲ぶ会が催された。

「ネーポン」とは何か？　ここ神戸の食品会社で四十年以上作られた、瓶入りのB級ミカン水（ネーブルとポンカンの合体）なのだが、「探偵！ナイトスクープ」という関西発の人気番組で、中島らもが「幻のドリンク」と取り上げたことで火がついた。

トンカ書店では、会期中、ネーポンを題材にした作家による作品の展示をし、二十四日には「探偵！ナイトスクープ」を始め、製造元の工場が紹介された番組を上映した。それがオープンして一年足らずの古本屋で行われるというのがなんとも楽しい。

お年寄りカップルが買った『星の王子さま』

「けっして入りやすい店ではない、と思うし、宣伝もしていないんですが、どこで聞いて来られたのか、けっこう年配の方も気軽に足を運んでくださるんです」

例えばこんなことがあった。杖をついて歩くようなおじいさんと、それに寄り添うようなおばあさんのカップルが、ある日、店を訪れた。仲むつまじい様子が、孫の世代のトンカさんから見てなんとも微笑ましい。そして一冊の本を買ってくれた。

「それが、『星の王子さま』だったんです。私は本当に本屋をやっていてよかった、とこの時思いました。そんなことが毎日のように起きるんです。だから正月三が日以外は休まず店を開けてます。いままで、今日は店を開けたくない、と思ったことが一度もない。毎日、スキップしながら通いたいぐらい」

この四月、初めて店をしばらく休んで、トンカさんは東欧に旅立つ。自分一人のための「慰安旅行」だという。目的はチェコで古本探し。できればフランスやオランダへも行ってみたい。

走り続けてきた「トンカ書店」がここで小休止。毎日のように通う常連さんたちは、くつろぐ拠点がなくて淋しいだろうけど、たった一年少々で、「なくて淋しい」という気持ちを客に抱かせるなら大したものだ。

ヨーロッパ旅行からどんなお土産をもってトンカさんが帰ってくるか。それはきっとお店に有形無形に反映されるだろう。

「おかえり、トンカさん！」

待ちかねて笑顔で迎えるお客さんたちの顔、顔、顔が、いまから目に浮かぶようだ。

（２００７年５月）

＊トンカ書店ではギャラリースペースで定期的に作家による個展や弾き語りのライブを実施中。ますます「トンカ」ファンが増えている。

トンカ書店（２００５年開業）
〒６５０-００１１　神戸市中央区下山手通３-３-12　元町福穂ビル２-Ｄ
ＴＥＬ＆ＦＡＸ０７８-３３３-４７２０
営業時間13時〜19時　火曜・水曜定休
URL：http://www.tonkabooks.com/

●四百字程度の解説をそえてネット上に──古本 海ねこ　場生松友子《ばしょうまつ》さん

本一冊一冊を大事にしているイメージを持っていただくようです。消えていくものを、私が記録しているという思いもあります。だからやめるわけにはいかない。

東京から南へ百六十キロに位置する新島は、ナスビ形をした周囲約二十八キロのマリンスポーツが盛んな島だ。絶好のサーフポイントとあって、国際大会も開かれている。海水浴、ダイビングを楽しむ人も大勢訪れ、夏は美しい白砂の海岸線がにぎわうという。

高く青い空、深い紺碧の海。その色に染まらず、白い姿を飛翔させるのがウミネコ。チドリ目カモメ科の海鳥で、黒灰色の翼に黄色の嘴《くちばし》と黄色い脚、ミャー、ミャーとネコに似た声で啼くのが特徴だ。

ダイビングのため訪れた新島で、空高く飛ぶウミネコの群れを眺めていたのがライ

場生松友子さん。猫と遊んでいるのではありません。仕事中です

ターの場生松友子さん。その新島から帰ってすぐに、ネット古書店を始めることになる。店名は「海ねこ」。人生、何が起こるかわからない。

新島への空の便は、東京・調布飛行場から飛び立つ。旅客数は九名、時速二百五十キロという可愛らしい小型機が日に四便往復している（現在は十九人乗り、時速三百五十五キロが運航中）。じつは、住居を兼ねた「古本 海ねこ」は、この調布飛行場から一キロほどの至近にある。最寄りの鉄道駅「調布駅」より、まだ近い。散歩がてらに、サンダル感覚で「新島」まで行けてしまうのだ。そんな場所に、二〇〇三年五月ネット古書店「古本 海ねこ」は生まれた。

本好きだった父の影響

古書店として本の売り買いを始めるには、古物商の鑑札が必要だ。警察署に行って登録する時、店名が必要になってくる。

「ところがその時、まだ名前を決めてなかったんです。『ウミネコ』を入れようとは思って、窓口で『海ねこ書房』にしようか、いや『書房』は要らないか、って迷ってたら、係の人が『決めてから来てください』って（笑）。後日、改めて届けを出しました。ウミネコって『フライング・キャット（空飛ぶ猫）』というイメージがあるでしょう。ネコが空を飛ぶというのがいいなあ、と思って。村上春樹が訳したル＝グウィンの『空飛び猫』という本も好きだったので、そう決めたんです」

それにもう一つ、「海ねこ」さん宅で話をしている間にも、床の上、テーブルの上を大きなネコが徘徊している。全部で五匹も飼っている。ほかに旦那さんが一人、と言えば失礼か。「海」と「ネコ」が好きだから「海ねこ」でもあるのだ。以下、「海ねこ」さんと呼ぶが、本来はアウトドア志向で、沖縄には数え切れないほどダイビングに出掛けているし、海外旅行をひんぱんにしていた時期もある。ライター稼業も長くアイドルを取材してきたというし、古書店なんて、埃臭い、地味な仕事は似合わない気もするが、そんな場生松さんが「海ねこ」になるまでを、とりあえず追ってみる。

ずいぶん変わった名前の場生松は旧姓で、東京・吉祥寺の生まれ。「年齢はかんべんして！」と言われたので、松田聖子と同い年、ということにしておく。ＪＲ吉祥寺駅へ続く吉祥寺通り脇の家で生まれ、育つ。父親は教育大を出て、長く私立高校で歴史を教え、図書館司書も兼任する本好きの人だった。だから、自宅にはいつも本がたくさんあった。

「子どもの頃に覚えている光景で、私は長女で、下に二人の弟がいる三人姉弟なんですが、三畳間に夜は三人寝かされて、壁を見るとそこが全部本で埋まっているんです。古い本ばかりでした。だから他所《よそ》の家も、みんなそうなんだろうと長い間思ってました。共産主義の本なんかもあって、父親の世代はロシアが憧れの国でしょう。だからロシア語もちょっとかじったりして。いまロシアの絵本を扱う時は、父親に頼んで訳してもらったりしています。本棚には毛沢東の本があったのも覚えてる。わたしは読み方がわからず『ケザワヒガシ』って、誰だろう（笑）」

この父親の影響は、どうも海ねこさんにとって大きいらしい。当初は教員と図書館司書を兼任していたが、当時、男子校の生徒たちを相手に指導し続けることに困難を感じたようで、教えるのを辞めてしまう。その後は、図書館司書として勤務し続けた。「『先生やめちゃったの、なんで?』って、子どものころはなんとなく恥ずかしいというのか、残念なという気持ちも正直言ってあったんです。でも、こういう仕事をするようになった今では、図書を管理し、司書教諭として努力し続けた父を尊敬できるようになりました。いま思い出すと、古書店とのやりとりも多く、古書展へも通って集書し続けていたようです。父は堅物《かたぶつ》な倹約家で、社交家じゃなかった。かたくなに、自分の興味があるものの研究・調査にのみ時間とエネルギーを注いでいたい人です」

古い本の力を感じて

どうもこのお父さんの血が、海ねこさんに濃く流れ込んでいるようだ。海ねこさんは、古い本が持つ何か「力」のようなものは子供のころから薄々、感じていたという。いまでも武蔵野八幡神社の近くにある「藤井書店」という古本屋へ、小学校の頃、時々足を運んだ。その光景は印象的だったらしく、よく覚えている。

「入口から入って左側のほう、壁際ではないあたりに古びた木の台があり、その下に未整理のマンガ本がごっちゃごちゃに詰め込んでありました。そんなところを見ているって店側からしたらイヤな子どもかもしれないのですが、幼少時より見慣れていた三畳間の父の蔵書、これもしばしば通った貸本屋、小学校の図書室などとともに、古い本がたくさん集まっている光景には、何か見えない大きな力を感じていたと思います。古いものがかもし出す、過去の時間、過去の人々の思いがそこにひしめいているような……」

その話からすると、高校を卒業して入学した明治大学文学部は、古本の町「神保町」のすぐ近く。せっせと通い始めたのかと思ったら、そうはいかなかったらしい。

「いや、学生時代、神保町の古本屋街へはほとんど足を踏み入れなかったですね。なんでだろう。古本屋が並ぶ靖国通りの、一本裏筋のすずらん通りには、サークルでよく飲みに行ったのに。やっぱり敷居が高かったんですね、神保町の専門店は。お店へ入るとお客さんの姿もあまりなくて、シーンとしていて、それが外の喧噪と対照的でした。すごく緊張して、『大人の世界』だなあ、と思った」

そんな海ねこさんが学生時代に、神保町で買った数少ない本の一冊が福永武彦の美術評論『ゴーギャンの世界』。田村書店で買った。いまでも手元に残す函入りのその本を、手で撫でながら、海ねこさんは語る。

「この本はずっと探していたんですね。卒論が福永武彦で。当時、ネットも普及してないのでなかなかなくて、ようやく神保町で見つけて、ちょっと高かったけど、うれしくて買いました」

一冊の本との出会い、発見の喜び、店主から客へ本を通じての思いの伝達は、古本屋がまき起こす風だ。その田村書店を始め、「敷居の高かった」神保町の古書店街の店主たちと同業になって、同じ市場で、競り合うようになるとは夢にも思わなかっただろう。

時間に追いまくられたライター専業のころ

大学四年の在学中から、出版社でアルバイトをするようになった海ねこさんは、そのまま就職はせず、フリーの編集・ライター稼業に突入する。

「最初は編集補助というかたちで、使いっ走りですよ。学研の『中一コース』編集部に身を置くようになって、ようやく原稿を書いたり、割り付け（レイアウト）をするようになった。八〇年代前半の話ですね。けっこう芸能ものの記事が多くて、最初にナマで見た芸能人は堀ちえみ（笑）。一番初めに書いた原稿は『たのきんの三球（サンキュー）コンサート』の記事で、コンサートは見ずに書いた。それでも自分の原稿が活字になった時は感動しましたねえ」

『中一コース』では「読者ページ」を長く受け持ち、全国の中学一年生のハガキや手紙を読み、選んで紹介し、コメントをつける仕事をした。顔の見えない読者とのやりとり、双方向性のコミュニケーションは、いま「古本 海ねこ」で注文メールがあった時、お客からのコメントに返事を書いたりすると、「あの時と同じようなことをやっているなあ」と感じることがあるという。

そのうち時代は八〇年代後半のバブル期を迎え、海ねこさんの編集・ライター稼業もピークを迎える。九一年、大手出版社の男性誌で契約ライターとなり、ポケベルを持ち歩き、月収で七十万円を稼いでいた。

「あの頃は死にそうでした。専属と言いながら、内緒でほかの雑誌の記事を書いたり、インタビューのテープ起こしをしてましたから。そのわりに、特にこれといった専門分野もないし、いい仕事をしているという実感がなかったんですね。とにかく、うさを晴らすために毎晩のように飲みに行ってまし

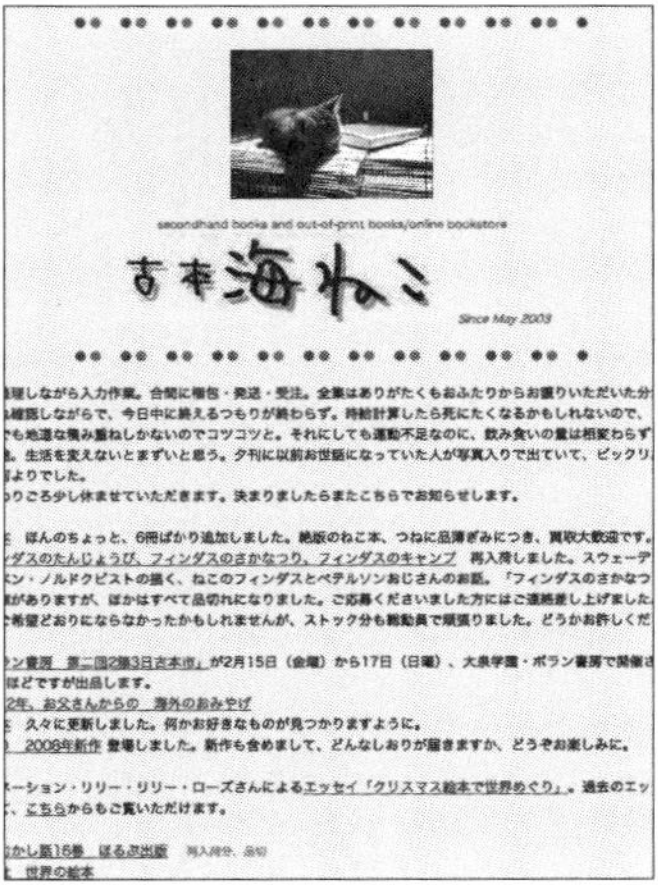

「古本　海ねこ」のトップページ

た。編集者とゴールデン街や恵比寿で朝まで飲んだりしたこともあった」

そのうち追いまくられながら惰性でこなす仕事に疲れと疑問を感じるようになる。その頃から、疲れると逃げるように沖縄へ行く回数が増えていった。八九年、現地で取得したダイビングのライセンスを生かし、海に気持ちと身体をゆだねた。夫となる加藤さんとも、十年前に沖縄の海で知り合ってゴールイン。小笠原諸島でも年のうち数カ月を過ごすようになり、そこでの体験は『イルカと泳ごう』（扶桑社・一九九四年、九七年に改訂版。のち、扶桑社文庫に収録）。という本にまとまった。

一冊一冊に込められた思い

ネットで本を売り始めたのは、現在のｂｋ１にあたるような、海外資本のオンライン書店が起ち上がり、そこで本の紹介文を書き始めたのがきっかけだ。仕事がら毎月溜まってゆく新品同様の本を処分するため、Amazon.co.jp のマーケットプレイスに中古本を出品した。これがよく売れた。ライターの仕事には波があるし、これで儲かるならと最初は甘く考えた彼女は軽い気持ちでホームページを作り、「古本 海ねこ」をスタートさせる。最初は店名にちなみ「海」と「ネコ」の本も揃えたが、前者は売れなかった。詩集を安く仕入れて、画面に並べてみたがこれも失敗。いろいろ試行錯誤するうちに、絵本や児童書、六〇、七〇年代の女性誌など主力商品が固まる。絵本は一番反響があった。

「古本 海ねこ」では、一冊、一冊の表紙の写真を見せ、海ねこさん自らによる四百字程度の解説文があるが、「絵本はすぐに内容が読めるっていう点もいい」という。しかし、その作業は大変だ。一日の業務が終った深夜、ひとりパソコンに向って、あれこれ調べながら一冊、一冊について書誌データと、どういう作家で、どんなことが書かれているかを打ち込んでいく。一晩にアップできるのがせいぜい十数冊。効率の悪いことはなはだしい。それが一冊千円の本だったりすると……。

「ぜんぜん合わないですね。ライターの原稿料としても安すぎるし。いまの倍の数をアップすれば、それだけ売り上げが上がることもわかってるんですが……。ただ、そのおかげで海ねこは、ありがたいことに、お客様には本一冊一冊を大事にしているイメージを持っていただいているようです。消えていくものを、私が記録しているという思いもあります。だからやめるわけにはいかない。買い取りの時もメールに、長く思いを持って集めてきた本を処分するには忍びないということを書き添えて、欲しい人のもとに橋渡ししてほしいというご依頼をかなりいただきます」

私が取材に行った際も、テーブルの上に、汚れた十冊ほどの本を前にして海ねこさんが途方に暮れていた。ある顧客から預かったのは、函のない児童書、読み古した戦前の文庫本、その上で乳児を寝かせられるほど古く大きな洋書など、すぐには売り物にならないものばかりだ。しかし、どの本にも、元の持ち主の思いがこもっていることは一目でわかる。難しいのは、持ち主の思いの深さがそのまま古書の買い取り値段に反映されないことだ。むしろ、それは逆に働くことが多い。それを告げるのが苦しい。

商売を捨てては成り立たない。しかし、商売だけを考えるなら、古本屋という仕事の魅力は半減するだろう。

「なかには、亡くなった親御さんとの思い出の本がどうしても欲しい、どうにか探してもらえないでしょうか、といったように、探し物の依頼もかなりあります。認知症の九十代のお母さんの記憶をよみがえらせたいので、と『暮しの手帖』や『それいゆ』の創刊号などまとめてご注文なさった方もいらっしゃいました」

古書籍組合に加入して

本は大量に消費されながら、人手に渡った時、その一冊、一冊に個人的な記憶や思いが込められる商品であり、古書店がそれを受け継ぎ、次に受け渡す仕事だと知った時、海ねこさんはライター時代にはなかった手ごたえを感じ始めているようだった。

そのためには、仕入れの確保が大切だ。最初は、セドリと買い取りでまかなっていたが、ちゃんとした仕入れをするために、古書籍組合にも加入した。古書店としての大事な役割があることに気づいたのも、やはり古書籍組合が運営する市場だった。

「まず驚いたのが、古書がうずたかくドワーッと積み上げられ、ものすごい量が当たり前に出品されているその光景でした。しかも、古書店主さんらの一冊一冊、くまなく見ていく真剣な目といったら。古書組合には、年齢は若くても古書店や新刊書店で修業を積んできた人も多いですし。本気で古書店をやっている、さまざまな経歴を持った人と話をする機会を得まして、おおいに刺激を受けました」

それまでずっと一人でやってきたため、組合に加入したことで、この仕事を続けていく勇気をもらったのだと海ねこさんはいう。

せっかくだから、もう少し市場の話を。

「神田の本部での市は入札制度ですが、支部の古書会館などでは、いまだに振り市（競り）が行われてるんです。そこでは、主がなきあとの書斎にあったものをかたっぱしに束ねて運んできたのではないかと思われるほど、どさりと一度に大量に出品されることも珍しくないんです。未整理だと、かつて生きていた人の痕跡が感じられ、逆に生々しかったりします。その人がやりとりしていた手紙、写真、メモ書き、愛好家たちのためにつくっていた会報誌など、一切合切が残されているんです」

なかには、売られてきた本や資料から、持ち主がどんな人だったのか想像ができる場合も珍しくなく、そんな時は、無名の人であっても処分するのがためらわれるほどだ。そう考えると、古書店という仕事は、非常に責任のある仕事なのだと次第に痛感していくのだった。

それら、まるで洪水のようにあふれ出してくる古書の中から、自分がこれだと思ったラインに近いものをコツコツ集め続けて、自分なりに編集し、ひとつの作品としてまとめあげる作業に憧れるという。つまりそれは、海ねこさんがそれまで本業としてきた編集・ライターの力量が生かせる仕事でもある。そう考えると、人間、生きてきてムダなことなど何もないと思えてくる。

古本には手間ヒマがかかる

いまの悩みは、せっかく仕事から追いまくられるライター稼業をペースダウンさせたというのに、いままた、時間を食いつぶし、日々の作業のみで日が暮れ、また朝になり、余裕のないことだ。

「だいたい昼間は市場に通ったり、取材にでかけたりでつぶれます。夕方、家に戻ってから、注文のあった本の梱包・発送作業をします。新刊と違って、注文のあった商品をそのまますぐ送れないんです。雑誌なんかは切り取りがけっこうあるので、それを再度チェックしたり、本だと、一ページ一ページめくりながら鉛筆のあとがあれば消しゴムをかけたり、あちらこちらのヨゴレを落としたり、製本用ボンドで補修したりで、けっこう時間がかかるんです。ほんと、あっというまに時間が過ぎていきますね」

猫の絵本も充実している。在庫の一部

市場では欲しい本だけ買えるわけではなくて、それについてきた不要な大量の本がある。店舗があれば、店の棚に並べたり、表の均一台へ百円で出すなど方法もあるが、ネット古書店は処分する選択肢が限られる。そのたびに、どうしたらいいのかと悩む、海ねこさんだ。

「できるだけ処分したくないんですよね[*]。本当は本を捨てることができるようにならないと、古書店としてはまだだらしいのですが、その点、私はまだまだ、で。ほかの市場に車で出品しにいったり、そのあと飲みにいってタクシーで帰ったり……の繰返しです。形にしなければ、偉そうなことは何もいえないんです。今のままじゃダメなんですよ。もっともっとやるべきことがあるように感じています」

「古本 海ねこ」のホームページには、「海ねこ的 日々の暮し」と題して、日々の古本屋的日常が書き綴られている。市場で欲しい本を目の前にしての興奮、同業者との駆け引き、勝った負けたの泣き笑い、古本屋を始めてから急速に広がった同業者を含む友人たちとの交遊、楽しい酒、そして二日酔い……海ねこさんの愚痴まじりのドライブ感にあふれた文章が楽しい。原稿料をもらえない代わりに、自由を得た文章は生き生きと海ねこさんの人柄を伝えて愛読者は多い。かくいう私もその一人。

「古本 海ねこ」を始めてから、定期預金を二度解約した。ライター時代の年収にはほど遠い年商。好きな海からもこのところ遠ざかっている。しかし、「古本 海ねこ」のホームページは日本国中の本好きに向けて開かれている。今日もどこかから、欲しかった本と巡り会った人が注文と熱いメッセージをくれる。さまざまな方向から支えて、一緒に飛んでくれる友人、知人、仲間がいる。いつも、いつも感謝だ。だから、ミャー、ミャー泣笑いしながら、ウミネコは高く低く飛ぶ。風の強さも快感も、その羽が知っている。

（2007年7月）

＊現在は、「効率も考えていかないと商売として続かなくなること、ときには不要な古書を処分していく必要性も感じつつあります」とのことでした。

＊「古本 海ねこ」は二〇〇九年に念願の自家目録第一号を出した。その後第二号も出し終え、資料的にも充実した。第三号が二〇一一年四月に出た。

古本 海ねこ（2003年開業）

現在は調布市小島町1-5-3に事務所を構え、現物確認の客は事前予約で受け付けている。

URL：http://www.umi-neko.com

●新感覚のデザインワークで——興居島屋《ゴゴシマヤ》（現「なずな屋」）　尾崎澄子さん

棚にぎゅうぎゅうと差し込むのではなく、
表紙が見えるかたちで……
私たちがある意味、古本の素人だったからできたんですね。

澄子さんが目覚めるのは、朝、八時から九時の間。目覚ましはかけない。ベッドはないので、布団をたたみ、そっと起き出すところから一日が始まる。東京都杉並区の住宅街の一角にある二階建てアパート。その二階角部屋は、窓が多く、朝の光と風がふんだんに入って来る。

そんな朝、まずは古い柱時計を動かすのが日課。背が低いために、椅子に上る。針を合わせ、ときにネジをまく。九時になると、思いのほか大きな音で、ボーン、ボーンと九回、時を告げる。それほどこのあたりは静かなのだ。この時計の音が深夜の静寂を壊すので、寝る前に、止めておくというのが澄子さんの習慣だ。

それからラジオをつける。FMではなく、AM。小さいテレビはあるが、これはDVDを観るためのモニター用で、地上波も衛星放送も映らない。アンテナもなく、視聴の契約もしていないのだ。だからもっぱらラジオ。柱時計の刻む音とこれがよく合う。

「ラジオはいいですよね。邪魔にならない。朝はTBSを聴いています。まずは『森本毅郎スタンバイ！』、八時半からは『大沢悠里のゆうゆうワイド』。お色気大賞なんか、好きですねえ」

ニュース、天気予報、人生相談なんかを聞きながら、朝ご飯の支度をする。ご飯を炊いて、味噌汁もちゃんと作る。同じ杉並区西荻窪にある「興居島屋《ゴゴシマヤ》」は年末年始以外年中無休。澄子さんは、火曜日と金曜日が休み。月曜日が開店の昼十二時から閉店の夜十一時の十一時間という長丁場となる。店番をしながら昼を食べる、日、月、木はお弁当を持参するし、十一時間勤務の日には二食分を、朝、一緒に作る。けっこう忙しいのだ。

「一椀分のお味噌汁を作るのは、めんどうくさいですよ。でも一人暮らしは怠けると、どんどんだらしなくなっていくような気がして、だからなるべく朝ご飯はちゃんと作るようにしていますす」

尾崎澄子さん。隣の看板もお手製です

じつは、澄子さんは三年前（二〇〇四年）に離婚した。いまは旧姓の尾崎に戻っているが、シルクスクリーンの仕事は、石丸澄子の名前で続けている。「興居島屋」は、元ダンナの石丸徳秀さんと一緒に、一九九五年三月に開いた。いまは、石丸さんは経営上のパートナーという関係。離婚しても夫婦漫才を続けているようなものか。

弁当を持って部屋を出るのが十一時過ぎ。雨が降らないかぎり自転車で店まで通っている。直線距離で約五キロの道のりを、三十分ほどかけてゆっくりペダルを漕ぐ。店に着いたら入口のドアを開け、通路に収納しておいた均一台や雑誌・絵本を並べる平台を表に出して商品を並べる。帳場に座るとちょうど開店の時間。十一時間勤務の日だと、これから長い長い一日が始まる。

ずっとコンプレックスの塊りだった

尾崎澄子さんは、一九六〇年三月十五日に神戸市で、男男女女の四人兄妹の末っ子として生まれた。しかし神戸の記憶はなく、ものごころつく頃には京都へ。京都駅の南東、今熊野《いまくまの》と呼ばれる地域に暮らす。すぐ近くに広大な敷地を持つ臨済宗総本山・東福寺があった。その周囲にも小さな寺が十いくつも点在する寺町である。

「今熊野には中三の夏までいたので今でも懐かしくて、京都へ行くたびに寄ります。ぜんぜん昔と風景は変わってませんね。お寺でやってた日曜学校へも通ってました。どんな話を聞いた？　覚えてない。地獄極楽？」

五年前に六十九歳で亡くなった父親は、若い頃は出版社の営業をしていた。外向的な性格ではないが営業の成績はいい。これといって趣味はないが遊び人。適応力があって、愛知へ行けば愛知の言葉になるがふだんは関西弁。酒好きで毎夜、晩酌が欠かせない。酔っぱらうとたまに、幼い澄子さん相手にワルツのステップなんかを踏んでいた。

話を聞くと、てんでバラバラの父親像に思えるが、澄子さんのなかではもちろんはっきりしている。

「顔なんか、父親にそっくりって言われますね、私。覚えているのは、父親に連れられて、鴨川までスケッチをしに行ったことですね。父親も絵を描くんです。おかしいのは、行く途中も、向こうに着いて、絵を描いてる時でも、ぜんぜん喋らないんです。声をかけたりもしない。なんででしょうね……。それでも楽しかったし、それは今でもよく覚えている父親との思い出なんです」

京都での少女時代。絵を描くことは、澄子さんにとって楽しみでもあり、自分を守る大切なことだった。

「ずっとコンプレックスの塊りなんですよ。もともとチビなのに、三月十五日の早生まれでしょう。小学一年の時点でみんなと体格的にも学力的にもハンディがあるわけです。そのうえ、入学してすぐ事故にあってしばらく学校を休む。怪我が治って学校へ行ったら、先生が何を言ってるのかさっぱりわからない。自分だけ別世界」

タコ部屋だった広告会社勤務

そんな暗い小学校生活に灯りが点ったのは二年の時。絵の好きな担任の先生に当たる。国語の授業でも、挿絵を模写させて、それを国語の評価にするという変わった先生で、絵が好きだった澄子さんは、一人、家の中でもくもくと絵やマンガを描く日々が続く。しかし小学校へ通うことは苦痛だったという。中学校へ入ってモノクロの生活がいきなりカラーになった。

「なんといっても小学校に比べたら自由。中学校の教室に初めて入ったら、机の上に『LET　IT　BE』って彫ってあった。それを見て、ひゃあかっこいい、大人の世界だ。だから夏休みが嫌いだった。学校へ行けなくなるから」

　中学へ入ってからマンガを卒業し、水彩画を始めた。デザインにも興味がわき、学区にある日吉ヶ丘高校には当時、デザイン科を持つ美術コースがあったので、中学卒業後の進路も決めていた。ところが、父親の仕事の関係で、中三の夏、突如、愛知県豊田市へ引っ越すことになる。

「ちょうど祇園祭の日に引っ越したんです。学校の仲間が京都駅の新幹線乗り場まで見送りに来てくれて、泣いて、『私らのこと忘れんといて』『手紙書くえ』とか言って、別れのいい場面になっていたのに、同じ新幹線に小柳ルミ子が乗ってるってわかった途端、みんな一斉に、そっちに行ってしまった。友達が色紙で作った首飾りをつけた私だけが残されて。だからいまだに小柳ルミ子には恨みが（笑）」

　豊田市の高校卒業後、名古屋造形芸術短大に進学。ビジュアルデザイン科で広告デザイン、視覚伝達を学ぶ。大学を出て、名古屋の広告会社に就職。ここが「タコ部屋」のような劣悪かつ過酷な職場で、一年我慢して辞めた。

「仕事も大変なんですが、八時に朝礼があって、社訓の唱和と変な掛け声みたいなのを大声でやらされて、そのうえ、三分間スピーチまである。私の一番苦手なことばかり。一分でも遅刻すると千円の罰金を取る会社なんですが、朝礼をサボるようになり、どんどん給料が減っていくんです」

さし引かれた給料は手取りで五万円くらいとなり、一日十二時間以上の労働と、もう何のために働いているかわからない。同じ時期に会社を辞めた先輩が始めた小さな会社にアルバイトで参加。ここでシルクスクリーンに出会う。シルクスクリーンとは版画技法のひとつ。のちに澄子さんの仕事になる。

上京し、美術スクールへ

二十五歳を目前に、これは日付もはっきりしている、一九八五年二月二十日、深夜バスに乗り込み東京へ。

「どうして？　って、こればかりは、その当時の『私』に聞いてみないとわからない。そのままずっと名古屋にいることに疑問を持ったのかなあ」

最初は友達の家に居候、三月に吉祥寺に下宿を見つけて、同時に近代美術館で監視員のアルバイトを始める。

「吉祥寺の下宿は、靴を脱いで上がる女性専用のアパートで、家賃が一万四千五百円……。当時としても破格です。四畳半一間で電話も冷蔵庫もテレビもない。トイレは共同。小さなラジカセと文机一つあるだけの生活で、四畳半が広く感じました。窓を開けると井の頭公園の雑木林。お金はないけど、それはそれほど苦じゃなかった」

ただ、この年、母急病の報を受け帰省の準備をする際、新幹線代が足りない時は困った。部屋にあった古い柱時計を、吉祥寺駅前の質屋へ持ち込み、「ぜったい流しませんから」と泣き落として三千円を借りた。

「質屋へ持っていく途中、その柱時計がボーン、ボーンと鳴るんです。寺山修司の世界だなあ、って思いながら歩いたのを覚えています。いま興居島屋の帳場の上にかかっているのがそれなんです。私が質屋なら百円も貸したくないですね」

興味のある方は、興居島屋まで見学に行ってください。

八六年春から「美學校」へ通いはじめる。ここから、いわば尾崎澄子第二の人生が始まった。ユニークな美術スクール「美學校」をどう説明したらよいか。学歴や年齢を問わず無試験で入学できる、いわば美術の寺子屋で、一九六九年に現代思潮社という出版社が創設した（のち独立）。歴代講師にはあの鈴木清順、澁澤龍彥、唐十郎、赤瀬川原平などが名を連ね、南伸坊、久住昌之・卓也、森伸之などの才能を輩出している（『はてなダイアリー』参考）。

「赤瀬川さんの『絵文字工房』（のち『考現学研究室』）の生徒だった友達から面白い話を聞いていたし、私も最初はそっちを希望したんですが、すでに定員いっぱいで、第二志望のシルクスクリーン工房を勧められたんです。先生は岡部徳三といって、この分野での草分け的な人です。基礎から習って三年間、その後も助手で四年間残って、結局『美學校』には七年いた。学生気分でいたかったのか、その頃知り合った先輩や友人とは今でも仲良くつきあっています」

住居は吉祥寺から武蔵境、そして西荻窪と移転。西荻ではトイレ、風呂つきの物件に住んだ。「二十九歳にして、初めてトイレつきの部屋に住めました」と澄子さん。この頃は三鷹のシルクスクリーン工房で、作家作品を刷っていた。自分の作品は制作せず、刷り師としての見習い修業の日々だった。

古本屋開業を考える三十代が多かった

そんな九四年のある日、「美學校」の先生が開いた写真展を覗きに行ったら、あの人がいた。つまり石丸徳秀さん。のちのパートナーだ。石丸さんは舞踏家で、それだけでは食えず、古本屋の店番、そして肉体労働のバイトをしていた。石丸さんは翌日、澄子さんに電話をする。デートの誘いだ。

「ところが、料金を払ってなかったから、電話が通じなかったようです。そしたらすぐにハガキが来て、そこに『運命を感じました。踊りを見に来てください』って書いてあった」

デートの初日、石丸さんは「古本屋を自分でやるつもりです」といきなり宣言した。澄子さんは、美學校時代に、石丸さんがバイトをしていた古本屋で、一日だけ店番をした経験がある。年末も押し詰まった時期で、客は来ない。とても儲かる商売とは思えなかった。「この人は、何を言ってるの」と最初は耳を傾ける気にもならなかったという。

しかし石丸さんには、思い立つととりあえず走り出す、突風のような実行力があった。知り合った年の十一月に澄子さんと入籍を済ませると、さっさと物件探しを始め、翌九五年三月には、もう店を開いていた。あきれるばかりのスピードだ。

版画工房には未練を残しつつ辞めた。

「私も店探しはしたんですよ。中野から国立《くにたち》ぐらいまで、不動産屋さんを歩いて、結局、私が自分の部屋へ帰る途中にあった、いま興居島屋が入っている店舗がいいかな、と」

よく覚えているのは、不動産屋へ入って、十坪ぐらいの大きさで古本屋をやりたい、って言うと、「またか」と言われたこと。この頃、同じ三十代ぐらいで、中央線沿線で古本屋を始めようとしていた人たちがほかに何人もいたことがわかる。西荻も、いまでこそ十数軒が集まる古本町と化しているが、興居島屋が開店した九五年、まだ数えるほどしか同業者はいなかった。

「始めたのはいいんですが、私はサービス業が苦手で、しかも古本の知識なんてまったくないでしょう。いまだに、お客さんから、本のことあれこれ聞かれたらどうしよう、ってびくびくしながら店番しているんですよ」

もっと困ったことに、開店した年の暮れに石丸さんがバイクで交通事故に遭い、入院してしまった。澄子さんの細腕に、興居島屋の全重量がかかってきた。店番はもちろん、本の買い取り、値づけ、業者市へも足を運んだ。そして、入院する夫の看病。痩せる思いをしながら、食事を作るヒマがなく、もっぱらコンビニの弁当で済ませていたら逆に太ってしまった。

出張買取りで知ったこと

「本の値づけには本当に困りました。いくらつけていいものやら、まったくわからない。石《い》っさん（石丸さんを澄子さんはこう呼ぶ）の師匠にあたる、『なないろ文庫ふしぎ

尾崎さんの手によるポスターや本の装幀を縁起物の“招布《まねぎ》”にして飾った店内

堂』の田村治芳さんに相談したら、『とりあえず、なんでも定価の半額、つけとき』って、めちゃくちゃ明解なアドバイスを受けて（笑）、古い本で三百円なんて本にも半額を付けたら、お客さんの方から『ちょっと、この値段で本当にだいじょうぶですか』って心配して聞かれたり……」

真冬の夜に店へやってきたおばあさんから「今、すぐに家に来てくれ」と言われ、買取りに行った時のことが忘れられない。店番があるので、翌朝、指定の家へ行くと、明日にも取り毀しが始まるという家の中は、廊下までぎっしり本で埋まっている。聞くと「全部、持っていってくれ」という。とりあえず、庭へ運び出したら本の山ができた。

「当時、赤帽を頼むという知恵もなく、朝から一人で十往復以上して、三輪スクーターで運び出しました。岩波の教養人、という感じの堅い本が多かったです」

最後のひと山という時に、澄子さんの周りを本の持ち主らしいダンナさんが、ぐるぐる回り出した。未練なのだろう。そして素早く、本の山から一冊の本を抜き出した。それは将棋の棋譜解説の本だったという。とたんに家の中からは「あなた、全部売ってもいいって言ったじゃない」と、奥さんの怒声が響く。

「ナイショですよ。あとで整理していたら、古い日記帳が出てきて、なかに『今日も女房の財布からカネを盗む』って書いてあった。それが何カ所か出てくるんです」

古本屋って、たいへんな商売かもしれない、とこの時は思った。

自らのデザインで統一された店内で

興居島屋の特長は、看板やチラシ、店内の張り紙、値段票など、すべて澄子さんの手づくりによる統一されたデザインワークがなされていること。「興居島屋《ゴゴシマヤ》」と難しい店名は読めなくても、看板を見れば、値段票を見れば、すぐ、「ああ西荻のあの店か」とわかる。二〇〇〇年代に入って、老舗店での修業を経ない若者による、新感覚のシャレた古本屋が増えてくるが、興居島屋はその先駆けとなった。

「絵本を並べたのも早かったと思います。棚にぎゅうぎゅうと差し込むのではなく、表紙が見えるかたちで並べる。そういう見せ方も、まだほかで

夜おそくなってからの客も多い

はやっていなかったように思います。それは、私たちがある意味、古本の素人だったからできたんですね。それと、西荻という土地柄。女性客が多かったので、最初は置いていたエロ雑誌やヌード写真集も徐々に撤去しました」

一日、店番をしているといろんなことがある。毎日、店にやってくる人が何人かいる。十二時半に必ず来るおばさん、この人は買う。一時に来るおじさん、こちらは店を一周回って帰って行くだけで買わない。カップルも多い。べたっとくっついているカップルは買わない。離れて本を選んでいるカップルは買う。

「二時間も一冊の本を立ち読みしているお客さんがいて、さすがに注意しに行ったら、『本は中身を吟味してから買うものだ』と逆に説教されて、でも結局買ってくれました。脚立を使って上の方に手を伸ばしているおじいさんがいたので、『危ないですよ、お取りしましょうか』と言ったら、『いや、ちょっと暑いからクーラーの風に当たってる』って（笑）。そのおじいさん、フランス語の新聞を脇にはさんでいた。いろんな人がいますすね」

開店してから十三年目。マンガを置いていた頃よく来ていた小学生が大学生に。可愛くて小さかった女の子が化粧をしてやって来る。「定点観測をしているようなもの」だと澄子さんは言う。

一人でいることの意味

最初にも書いたように、石丸夫妻はコンビを解散。澄子さんは尾崎澄子に戻って、興居島屋の経営と、古本界を巡って再開したシルクスクリーン制作に精を出している。二〇〇五年三月には、高円寺の古本酒場「コクテイル」の壁を借りて、ポスター展も開催し、「芸術新潮」が取り上げるなど好評だった。ちなみに、私（岡崎武志）のちくま文庫収録の著作『古本極楽ガイド』『古本生活読本』『古本病のかかり方』などの装幀も彼女の作。

「結婚していた頃は、やっぱり石っさんに頼っていたし、自分でも古本屋を本業とは思っていなかったところがある。でもまた独りになって、食べていく手段を考えると、気合いが入って一時的に売り上げも伸びたんです。その気合いが続かなくて困っているんですが」

夜十一時、表の均一台と平台を店に入れ、鍵を締めて、また自転車を漕いで自宅へ戻ってゆく。部屋のドアを開け、ポスターの仕事がある時は、深夜でも奥の作業机で図案を練る。一人になって、一人の時間が余計に大事に思えるようになってきた。

明日は店番は休みの日。京橋フィルムセンターへ川島雄三を見に行こうか、などと計画をたてる。ボーン、ボーンと鳴る柱時計を止めて、電気を消す。
おやすみなさい。

（2007年8月）

＊二〇一〇年八月二十一日、尾崎澄子さんは「興居島屋」から独立、同店舗を引きつぎ、新たに「なずな屋」をオープンさせた。基本のスタイルは同じだが、より紙ものに特化した品揃えになっている。

興居島屋（1995年開業）、「なずな屋」と変更ののち、二〇一四年閉店。

●豆本、限定本、美しい本を売る――**呂古書房　西尾浩子さん**

女性だからって突っ張ってもいいことないですよ。でも、……市場では男も女も関係ない。勝負ですから。バクチと同じ。メソメソなんかしてられない。

〈本は文明の旗である。そしてその旗は、美しくあらねばならない……〉装幀家の恩地孝四郎はそう言ったが、呂古書房さんを訪ねた客の目に飛び込んでくるのは、まさに「美しくあらねばならない」ことを至上命題に作られた、本の芸術品ばかりだった。例えば人間国宝の染織工芸家・芹沢銈介による、代表的な限定本『繪本どんきほうて』（一九三六年、向日庵）がどんな本であるかを、『別冊太陽　本の美』（一九八六年、平凡社）の解説を借りればこうなる。

〈芹沢銈介画彫　昭和11年10月開板　頒価30円　限定75部番外墨刷5部、別刷25部番外5部　計110部　記番　A4判に類似稍小型　和綴本　表紙漆金箔散らし模様・

題字漆盛り上げ　本文土佐上質紙袋綴　合羽刷　奥付共34丁、内31図丹緑黄の手彩色型染布帙〉

とても本の説明とは思えない。まるでお経みたいで、本に興味のない人なら難解でたじろいでしまうが、手に取れば一目瞭然。その美しさに見とれてしまう。今回、御紹介する「呂古書房」さんは、こういった特製の限定本や豆本の専門店なのだ。「豆本」とは聞き慣れない言葉かもしれない。豆本蒐集家の坂本一敏『古書の楽しみ』（弥生叢書）によれば、日本の豆本は江戸時代に出現し、雛道具につけられた雛絵本など多種作られた。次第に趣味性が強くなり、凝った装幀や仕掛けのものが増えて来る。そのサイズは親指と人さし指を直角に開いて、その範囲内に収まるというのが一つの目安。限定版のものも多く、コレクターの蒐集対象になっている。

かの池田満寿夫が無名時代、昭和三十年代半ばに真珠社から発行したシリーズ豆本は、池田の銅版画や油絵が、印刷ではなくそのまま使用されている。限定二十五部とか五十部というから、それ自体が芸術作品だ。小さいものになると、例えば平成十二年に「印刷博物館」で展示された豆本は、〇・九五ミリ角というゴマ粒のような本に、十二支が刷ってある。これが現在極小の記録だ。

古書の取り扱い品目の中でも、美術の分野に近く、特別な専門知識が要求されるので、あまり取り扱われない。また流通する数も、顧客も限られているため、商品にするのはなかなか難しいのだ。

街に古本屋があったころ

西尾浩子さん。女性古書店主のパイオニアの一人

そんな限定本、豆本に魅せられた西尾浩子さんが、神保町に店を開くに至るまでをうかがった。

まずは店名「呂古書房」の由来は？

「私の名前が浩子で、大学生時代のニックネームが『ロコ』だったんですよ。最初は『西尾書房』とかも考えたんですよ。でも、ちょっと古めかしいでしょう。もうちょっと女性らしく、新鮮さを出そうと思って、『呂古書房』に決めました。当てる漢字もいろいろ迷って、魯山人の『魯』とか……。それで漢和辞典を引いたら、『呂』の文字に『かなめ』という意味があることを知って、一番わかりやすく、いいかな、と。それに『古書』の『古』を組み合わせたら、ちょうどよかった」

「呂古」とは、中国の古い文書に典拠を持つ、由緒ある言葉だと思っていたら、学生時代のニックネームだったとは！

そんな呂古さん、こと西尾浩子さんは東京都世田谷区生まれ。父親は、早稲田大学文学部英文科卒の西尾孝さん……と言えば、ある年代までの方なら、ああ！　と気づかれるだろう。

ブラームスの大学祝典序曲をテーマ曲に始まる「旺文社ラジオ講座」の「英文法」を受け持っていたのが西尾孝さん。お世話になった方も多いはず。西尾孝さんは早稲田大学で教鞭を取ったのち、代々木ゼミナールなどの講師を歴任、「西尾の実戦シリーズ」などあまたの受験参考書を書いた「受験の神様」の一人だった。

「そんなこと、私とは関係ないですよ。私は私ですから」と言いながら、呂古さんは父親との思い出を話してくれた。

「とにかく、家中本だらけでした。書庫にも本がたくさん詰まっていて、本は買わなくても家にある、という感じでしたね。実家は三軒茶屋にあるんですが、父が古本屋巡りが好きで、私も子どもの頃、よく父にくっついて行ってたんです。散歩というと行き先は決まって古本屋でした」

当時、三軒茶屋周辺にはまだ古本屋がけっこうあった。いま、呂古書房の入るビルの隣りで、店を構えている「三茶書房」も、名前の通り、もとは三軒茶屋にあった。「それから時代やさん、太子堂あたりまでも足を伸ばして、進省堂さんとか世田谷通りにも何軒かありました」と、次々と、幼ない浩子ちゃんが、大学教授の父親に手を引かれて、古本屋巡りをしていた記憶がよみがえってくる。

「三軒茶屋時代の三茶書房さんなんて、今でも記憶にありますよ。古本屋へ行ったといっても、私は小さかったから、たぶん父の横で、子どもの本でも読んだり、外を見ていたんじゃないかな。そうしたら、亡くなられたご主人の岩森さんが、『おじょうちゃん』なんて言って、雑誌の付録を下さったり……」

だからといって、今の仕事に結びついているわけではない、と呂古さんは言うが、本に囲まれた家に住み、父親と回った古本屋の記憶がどこかに残っていて、それがある日、芽を出すように表面に出てきたのではないだろうか。

よく売れる蔵書票

進学した成城大学では民俗学を学ぶ。成城は柳田国男が後半生を暮らした町であり、死後、彼の蔵書は同大学に寄贈され、「柳田文庫」として後進に活用されている。

「私のいた民俗学のクラスはほとんど女性でした。その頃、昭和の四十年代でしたが、卒業しても女性は就職するという考えがあまりなく、あってもスチュワーデス（客室乗務員）や、出版社等にいかれたように記憶しています。卒業してすぐに結婚される方もいましたね。学生時代に婚約している人もいましたよ。クラブはテニス部に入部したんですが、新人は球拾いばかりで、すぐやめちゃった（笑）。それで、ボーリング同好会というのに入って、ユニフォームにマイシューズまで作った。ボールはあの頃、高くて買えなかったんですよ。あちこちでやりましたよ。青山でしょう、品川、東京タワーの下にもボーリング場がありました。いま？　もうダメですよ。ぜんぜんやってないもの。革のシューズだけは、もったいなくてその後も長く保存してましたが、それもどこへ行ったか」

呂古さんがボーリング、とは意外だ。いや、意外とは失礼か。革のシューズを残しておけば、今頃、その革で豆本が作れたでしょうに、と軽口を叩いている間にも、ぽつりぽつりとエレベーターを使ってお客さんが入ってくる。二十代後半から三十代の女性が多いようだ。宝石店ほど敷居は高くない。ヨーロッパから輸入した雑貨の店を覗く、ぐらいの感覚で入口をくぐってくる。ガラスケースに入った貴重な豆本の数々を眺め、装幀の美しい美術本、挿絵本、蔵書票などは手に取って、しばらく贅沢な時を過ごす。蔵書票とは本に貼るための小型版画のこと。値段も手ごろでよく売れるようだ。向いには画材や文具、額を扱う「文房堂」という老舗文具店がある。ここで額を求めて、呂古書房で買った蔵書票を入れれば、自分への洒落たお土産になる。

話を急ごう。呂古さんは大学卒業後、結婚をし、一人息子をもうけた後、離婚を経験している。

「まあ、縁がなかったということでしょうね。息子が幼稚園の時のことでした」

そのあたりはくわしく聞かない。結婚生活は鎌倉で始まり、すぐ東京へ移った。海沿いの町での日溜まりのような生活はつかのまだった。夫と別れたのち、子どもは呂古さんが引き取って育てた。その後、世田谷の実家に戻るが、しばらくは仕事もせず、家に親と一緒に住んでいたという。

もし、結婚生活が円満にそのまま続いていたら、おそらく「呂古書房」は生まれてなかった。どっちがいい悪いではない。ここに登場する女性たちは、みなそうだが、選んだ道をどう歩いたかで、ひとの人生はまったく違った様相を見せることを思い知るのだ。

豆本、限定本との出会いが古本業界との縁の始まり

さて、呂古さんと「吾八《ごはち》書房」との出会い。ここから、呂古書房の前史が始まる。「吾八」は、一九三七年に西銀座七丁目で小美術品・趣味本の店として、今村秀太郎の手により開業。のち東京宝塚劇場前に移転。秀太郎の子息、喬氏が独立し、八二年に神田神保町に新店をオープンさせた。この店にオープンから関わったのが、ほかならぬ呂古さん、西尾浩子さんだ。

「私、むかし、宝塚が好きだったんですよ。それで宝塚劇場へはよく行っていて、通りをはさんだところにうなぎの寝床みたいな、おもしろい店があるなあ、って。それでも入ったことはなかったのですが、それが『吾八』だったのですね。そのうち、今村喬さんが独立して神保町に店を出すという時に、縁があってお手伝いすることになった。それが古本業界に入った最初です」

父親が古本好きで、子どもの頃から古本屋に親しみ、大学時代にも資料探しのため、神保町の古本屋街をよく歩いたが、「吾八書房」で目にする本は、それまで見たこともないようなものばかりだった。

「世の中には、なんてきれいな本があるんだろう。これが吾八書房で扱っている商品

を見た、最初の印象でした。ああ、こんな宝石のような本があるんだ。また、豆本を見て、小さくて、可愛くて、素晴らしい本があるんだ、って、びっくりしましたね。わくわくしました」

しかし、まさか、のちに自分で同じような商品を扱う店を始めるとは、もちろん考えてもみなかった。ただ、この時、吾八書房で最初に豆本や限定本に出会ったときの感動、わくわくした気持ちは強烈で、それが今にいたるまで続いていると呂古さんは言う。

「最初は、本当に気楽な気持ちでお手伝いしていたんですよ。そのうち、今村さんにくっついて、市場へ行くようになり、そこでまたたくさんの本を目にして、自分で入札した商品が我が手に落ちる喜びも知りました。ただ、長年やっているうちに、吾八書房にも変化があって、考え方ややり方にもう少し工夫があっても、と自分なりに思うようになってきたんです。だからといって、独立なんて大それたことを考えることはなかった。だって、古本屋って、お金がいるんですよ。しかも吾八書房が扱うのは、限定本中心で高額商品ですし、とてもとても、私の財力でどうにかなる、なんて思わなかった」

しかし、吾八書房の経営が次第に危うくなる。お客様の蔵書の整理で、いい仕入れ

明るい店内には豆本、美術書のほか、こけしなどが並んでいる

大きな窓の下には駿河台下の交差点が見える

が出来ても手っ取り早い市場で換金されることが多くなり、自店目録「これくしょん」の品揃えがマンネリ化してきているのを見て、何とか自分流に出来ないものかと、ついに呂古さんは独立を決意する。

イチかバチかの神保町での開業

独立に際して、顧客や関係者に配られた「挨拶状」がある。吾八書房・今村喬氏の〈何卒よろしくご指導ご鞭撻をいただき、従来にも増してご愛顧の程心からお願い申し上げる次第であります〉という前説に続き、西尾浩子の名で「御挨拶」がある。一部引用すると〈この度、私こと十二年間勤務してまいりました吾八書房を、十一月三十日をもちまして円満に退職致しました〉とある。

一九九三年暮れと言えば、バブル崩壊で、経済に先行き暗雲たれこめる時期だった。「そんな時に独立するなんて、バカか、まったくものを知らないかだ」と、先輩の同業者に言われたりもした。

「まず、こういった商品を扱うには、固定のお客さんを摑んでいることが大事で、あとは、継続していい本を供給できること。それにお金ですね。私は独立時点で何もなかった。お客さんについては吾八さんからありがたいことに顧客の名簿をいただきました。本はそれまで自分で買ってきた本を並べただけで棚はガタガタでしたし、本当に、最初は不安でしたね」

出店するのは神保町と、これは最初から決めていた。不動産屋をずいぶん回ったが、なかなか家賃が安くて、条件のいい物件が見つからない。いま入っているビルの四階に空きができたと聞いて、下見をすると、駿河台下から小川町へかけて、大きく窓が開いていて見晴らしのいいのが気にいった。

「女性の店だから、とにかく今までにない明るい店を、と思ったんです。ここは外からの光が入って明るいでしょう。それに住所が神田神保町一丁目一番地、というのがいい。四階というのが少し気になったけど、言い出したらきりがない。まあイチかバチか、やってみるか、って。私、一月八日生まれなんですよ。だから、いつも一《イチ》か八《バチ》か（笑）」

不動産の契約の時、大家の面接があった。大家の一族四人が揃って、呂古さんにあれこれ聞くのだ。内心まるで入社試験のようだと思った。ただし、ここで不思議な縁が作用する。大家さん姉妹のうち、妹が若い頃、出版社でアルバイトをしていて、西尾孝先生の家によく原稿を取りにうかがった、というのだ。つまり、呂古さんの父上だ。「それは、本当に奇遇で、驚きました」という。

緊張した市場での入札

しかし、なにもかも一人でのスタートだった。それまで吾八書房さんと一緒に通っていた業者市へも一人での参加となる。しかも女性。

「いまでこそ、市場に女性の姿は珍しくないですが、私が独立した当時は、自分で店を持っている女性は本当に少なかった。覚えているのは、早稲田の一心堂さん。彼女はお父さんの跡を継いで、自分でやってらした。ほかは、古本屋の奥さんやお嬢さんが手伝いに見えている、というぐらいで、女性の姿は目立ちましたね」

十二年も通った市場だったが、一人となるとまるで違った。それまでは、吾八さんと相談しながら、しかも吾八さんのお金で入札をしていた。ところが、これからはすべて自分の裁量で、しかも身銭を切って買わなければならない。

「だから緊張しました。毎回、市場の会場から出るとくたくたになってました。女性一人で入札していると、周りの目も違いましたし。欲しかった本に札を入れて、それが自分のところに落ちると、うれしいような、支払いを考えると悲しいような」

そんな中、かつての吾八書房の顧客が呂古書房へも訪ねてくれるようになった。地方から上京するたびに、わざわざ顔を見せてくれる客もいた。豆本や限定本の客は買うだけではない。蔵書を売ってくれる重要な供給源でもあるのだ。

無我夢中で走っていたが、ふっと振りかえってみると、いかんせん商品構成の狭さが感じられた。何とか分野を広げたいと悩んでいた矢先に相談にのってくれたのが同じ神保町、靖国通りに店を構える「秦川堂書店」の永森譲さん。両店共通のお客さんを交え、たびたびお茶を飲みながら、呂古書房の現在と今後について、貴重なアドバイスをしてくれた。ありがたかった。

「永森さんは、女性だからできることがあるんじゃないか、また、自分が好きな事をやっていくのが長続きするコツ、と教えて下さいました。お客様のなかでも、自分の蒐集したものを整理するので、玩具や人形の書物やこけし等も扱ってみてはと品物をお出しいただき、価格まで教えて下さった方がおられました」

呂古さんは、「お陰様で分野が広がり、感謝この上ないかぎりです」と頭を下げながら言った。

呂古書房に、こけしのコーナーがあるのは、そんな意見を取入れての試みだった。看板、名刺などに刷られた「呂古書房」のロゴ、それに特製の包装紙のデザインは、童画家・武井武雄の文字と絵を許可を得て拝借したもの。美しい本を売る店だから、美しい包装紙でていねいに包みたい。女性客も多いだけに、呂古さんはそんな細部にも注意深く気を遣う。

修学旅行生も来る店

「この連載のタイトル（本書の初出連載タイトル）、『古本屋は女に向いた職業』って言うんですか。私は女は古本屋に向いてないと思いますけど（笑）。だからがんばっているんです。男性社会の中にあって、女性だからって突っ張ってもいいことないですよ。でも、半面、突っ張っていかなきゃできないこともある。例えば市場では男も女も関係ない。勝負ですから。バクチと同じ。メソメソなんかしてられない」

本好きの教師に教えられて、だろうか。最近、神保町を訪ねる修学旅行生が増えたという。教師が事前に選んだ店を、仲間と神保町の古本屋街地図を片手に回ってくる。呂古書房さんもそんな中に入っている。店に入って、商品を見て必ず出ることばが「かわいい！」。きゃあきゃあ言いながら、おそらく初めて見るだろう豆本や限定本、挿画本を前にはしゃぐ。たいてい、見るだけで買わ

古書目録「呂古の手帖」

ないが、それでもいいと呂古さんは思っている。そのうちの、たとえ一人でも二人でも、日本の工芸美の結晶ともいうべき美しい本に関心を持ってくれたら……。

呂古書房の入るビル「倉田ビル」は、神保町の東端にある。そこから靖国通りは大きく東南にカーブしていく。いわば、神保町で最初に朝日が当たるのが呂古書房の大きな窓だ。女性古書店主のパイオニアの一人として、日月堂・佐藤真砂さん始め、呂古さんの存在を大きく感じている人は多い。だから船の舳先のような呂古書房に、明日も朝一番に、強い日が当たる。

（2007年9月）

呂古書房（1993年開業）
〒101-0051　千代田区神田神保町1-1　倉田ビル4F
TEL03-3292-6500　FAX03-3292-6507
営業時間10時30分～18時30分　日曜・祝日定休
URL：http://locoshobou.jimbou.net/　E-mail:loco-sho@camel.plala.or.jp

●同時代を生きた映画たちと——**石田書房　石田由美子さん**

古本屋をやって儲けようとか、
成功させようとかいう気はなかったんです。
本を売り買いすることで、精神的なリハビリを図ろうと……

二〇〇五年四月二日。この日付を頭に刻んで、以下読み進めてほしい。石田由美子さんと石田書房にとって、この日付は重要だから。

二〇〇六年十二月、師走も押し詰まった頃、世界に冠たる古書の町・神保町に新しい店が誕生した。それが映画、アート、写真集、サブカルチャーなどを扱う「石田書房」である。じつは、それまで同じ都内の杉並区阿佐谷で営業していたが、一年余りで神保町へ引っ越すことになったのである。その話はまたあとで。

ここでちょっと神保町の説明をしておく。東京のへそを皇居とすれば、そのすぐ北東、脇腹のあたりに神田神保町がある。現在、隣接する町も含めてこのエリアに約百六十軒もの古書店が集まっている。この数と、過密ぶりはもちろん世界一の規模。メインの靖国通りの南側には老舗古書店が軒を連ねているが、ここ数年、裏路地に次々と個性的な新店舗が進出、謹厳で黴臭いイメージの古書の町も少しポップでカラフルになってきた。

「石田書房」は、そんな神保町に、いまのところ一番新しくできたお店だ（〇七年三月現在。その後三店が開店している）。JR御茶ノ水駅から明大通りを下り、駿河台下交差点で靖国通りはくの字に折れるが、そのまま一方通行の錦華通りを北へ二百メートルほど進むと、左手にガラス張りの一見新刊書店かと見まがうような「石田書房」が見えてくる。この錦華通りには、ほかに「とかち書房」「がらんどう」「古書すからべ」「かわほり堂」「王晴《きゆうせい》」など、いずれもここ数年のうちにできた（あるいは移転してきた）店が多い。

入口のすぐ左脇に、かなり大きな照明ライトが置いてある。映画やグラビア撮影で使われたような、旧式の本格的なものだ。このライトはオブジェとして展示されているのだが、「石田書房」を象徴する、神社で言えば狛犬の役目を果たしている。店内の蔵書の半分を圧するのもまた、映画関係の本だからだ。由美子さんの人生は、まさに映画、映画、映画、映画だった。

とにかく早く家を出たかった

石田由美子さんは一九五五年川越生まれ。母親の家は、川越で代々呉服店を営んでいた。呉服店はその後、店をたたむが、母方の実家として残る。由美子さんの母親は結婚して、夫、つまり父親がいる宇都宮へ越すことになる。

なぜ、こんなまどろこしい書き方をするかと言うと、由美子さんは大学へ入るために家を出てから、すったもんだがあって、父親とは長い確執の状況にある。母親は病気がちで、入院していた時期が長かった。だから、どうしても口が重くなるし、こちらの書き方も微妙になる。ともかく、母方の実家である川越と、自分が住む宇都宮を行ったり来たりの生活を送っていたという。

石田由美子さん。後ろには「気狂いピエロ」

さて、その宇都宮での高校時代の話。由美子さんは「不良だったんですよ、わたし」という。「スケ番ですか?」

店頭には「勝手にしやがれ」のポスターが貼られていた

と聞き返すと、なにをバカなというふうに笑われた。そうではないらしい。一つ手前の駅から宇都宮にある高校へ、電車通学していたが、時々、駅では降りず、そのままどこかへ行ってしまう。つまりサボリだ。どこへ行くのか、また、なぜ？

「いいえ、どこへ行くっていうんじゃないんですよ。ほんと、気が向くままに、適当に駅を降りて、それで街をぶらついて帰ってくるんです。映画館に行くことが多かった。東京まで行ってしまう、ってこともありましたよ。学校がいや、家がいやってことでもないですよねえ。学校へ行けば、友達もいたし、それなりに楽しかったんです。なんだったんでしょうね」

と、なんだか要領をえない答えが返ってくる。もちろん、出席日数が足りなければ進級、卒業ができない。だから、いつもというわけではない。「そのへんは計算して」エスケープを繰り返していたらしい。それでも東京の某大学へは現役で合格する。

「とにかく早く家を出たかったから、大学に受かったのはうれしかった。最初に下宿したのは、吉祥寺なんです。母方の親戚が吉祥寺に住んでいまして、そこから大学へ通いました」

いや、正確には大学へは通っていない。せっかく受かった大学へはほとんど行っていないという。通学は、吉祥寺からだと、中央線で新宿、そこから山手線に乗り換えるというルートだが、大学のある街へはどうしてもたどり着けない。なぜなら「しんじゅくー、しんじゅくー」という駅到着の車内アナウンスが入ると、もうそのまま、はじかれたように駅改札を出て新宿の町に出てしまう。そこで由美子さんを待っていたのは一九七三年の新宿だった。

七〇年代、新宿へ行けば何かがあった

アートシアター新宿文化では、清水邦夫と蜷川幸雄のコンビによる最後の公演「泣かないのか？　泣かないのか一九七三年のために」を上演。寺山修司と唐十郎がリードしたアングラ演劇は終焉を迎え、小劇場ブームが訪れようとしていた。森山大道が新宿区に依頼されて八ミリで「25時 sinjyuku, 1973」を撮影した（オクラ入りになったが）のが一九七三年。新宿ピットインでは山下洋輔トリオが火のついたような

演奏を繰り広げていた。

「毎日、新宿へ行けば何かがある。見たい映画がどこかでやっているし、顔見知りの友達にも会える。映画館もハシゴですよ。昼に入って、終って、また別の映画館へ行って、たいてい夜まで新宿です。とても大学へなんか行っているヒマがない。というより、映画館が大学だったんですね、いま思うと」

『宝島コレクション　1970年大百科』(JICC出版局)からの孫引きになるが、当時の情報誌「新宿プレイマップ」(一九七一年一月一日号)掲載のタウンガイドによれば、このころの新宿では、まだ百円で見られる映画館があった。「ローヤル劇場と西口パレス座。ローヤルは一本だが、西口パレス座は二本立で百円、おまけにイイ映画をやるニックイところ。(中略)今、一番若者に人気のある映画館がテアトル新宿。毎回ものすごく魅力的な番組スケジュールを組む。それを三本立で一般二百八十円、学生二百五十円で見せる」とある。

由美子さんもこれらの映画館へ日参した。新宿だけではない。横浜や川崎、都内でも池袋と、映画を求めて西へ東へ移動、それだけで日が暮れ、日が過ぎていった。

「まだ『ぴあ』がそんなに知られていない頃だったから、映画の情報には不自由しました。『ぴあ』が出た時は、世の中にこんな便利なものが！　って感動しましたもん。

当時は、だいたい『キネマ旬報』の終りについていた予定表を参考にしていました」

このころ、どんな映画がかかっていたか。いま手元にある「キネマ旬報」（一九七三年十一月上旬号）巻末の「邦画・洋画番組予定表」を見ると、洋画の封切りでは「ビリー・ザ・キッド　21才の生涯」「高校教師」「ジャッカルの日」「時よとまれ、君は美しい」「スケアクロウ」「ラストタンゴ・イン・パリ」、邦画の封切りでは「戦争と人間　完結編」など。名画座では、テアトル新宿が「激突！」「110番街交差点」、新宿昭和館が鈴木清順「関東無宿」ほか、文芸地下が吉田喜重「戒厳令」「煉獄エロイカ」。前者の脚本は別役実だ。由美子さんはこれらを全部見ている。

一九七三年の熱風が、固有名詞の羅列から伝ってくる。

「一番好きだった映画館は池袋文芸坐、かな。ここは名画座でもほかと違ってスクリーンが大きかったんですよ。やっぱり、大きな画面で見たいもの。でもトイレはどこも最悪だった（笑）。とても若い女の子が入れるところじゃなかった。いまは、どこもきれいになってますけどねえ。だから、映画館に入る前に必ずデパートで済ませたり、水分もなるべく摂らないようにしていましたよ」

結婚、そして映画を仕事に

映画代稼ぎにアルバイトをいくつもしたが、その中には、ピンク映画制作の裏方という仕事もあった。低予算のマイナー映画だから、監督と助監督以外は、すべて寄せ集めた人たちというケースが多かった。石田さんは照明、小道具、スクリプトと何でもやった。

「同じようなタイトルの映画ばかりでしたが、それでも映画作りに参加できるのがうれしかったし、楽しかった。裏方をするようになって、そう、映画の見方も自然に変わってきましたね。批評的に見るようになった、というか。あそこはもう少し、こうすればいいのに、なんて、生意気ですけどね」

そうこうするうちに大学からはすっかり遠のいていた。聞かれれば身分は大学生だが、とても自分ではそうは呼べない気分だ。そんななか、知人の紹介で、中堅どころの出版社に勤めはじめる。最初は事務だったが、やがて編集にも関わるようになり、同僚の年上の男性と恋に落ちる。それが石田禎郎さんだ。

それを知った由美子さんの父親は激怒する。大学へ行っているとばかり思っていた娘が、じつは大学を辞めて、勝手に就職をし、しかも八歳も年上の男性と結婚するという。そして、その時、禎郎さんには幼なじみの婚約者がいたのである。何がなんでも許すわけにはいかない、という。

「『男にだまされているんだ』なんて言うんです。そのときは本当に悔しくて、ケンカ別れのような気持ちはわからないでもないですが、そのときは本当に悔しくて、ケンカ別れのようなことになって、以後、ずっと絶縁状態になったんです。入籍するのに戸籍謄本がいるので、それで宇都宮へは一度帰りましたが、それ以外は立寄りもしなかった」

二人でアパートを借り、つつましい新婚生活を始めたが、由美子さんは出版社を辞めた。そして、映画の宣伝プロデューースや、イベントの仕事を新しく始める。映画を撮ったはいいが、予算がなくて、宣伝に金をまわせない。なんとか、金をかけず、映画を広く知ってもらうために、由美子さんは奔走する。

夫の禎郎さんは優しい人で、由美子さんの好きなように仕事をやらせてくれた。子供もつくらなかったので、いつも二人一緒だった。海外旅行へもよく出掛けた。禎郎さんの勤める出版社が、経営体制が変わり、辞めさせられることになるが、それでもフリーで編集者を続けた。ほんとうに、いつまでも、そのまま二人で生きていけそうな気がしていた。

夫が遺した「二人で古本屋をやろう」

そんな折り、一九九八年、突如、禎郎さんが発病した。ガンだった。手術をした結果、一命をとりとめる。術後も順調で、五年再発しなければ、まず大丈夫と医者にも言われた。ところが運命とは皮肉なもので、その大丈夫と言われた五年が過ぎて七年目にガンが再発する。しかも今度は、脊髄に転移し、手が付けられない状態になっていた。

「最初に発病した時にすぐ、私は仕事を辞めました。できることは全部やりたいと思って。あらゆる療法を試み、アガリクスなども飲ませたりしたんです。それにはお金がかかる。映画の仕事なんてもうかりませんから、新宿で雑貨店を開きました。これが当たって、相当な利益がでたおかげで、ガン治療ができたんです」

由美子さんは一年半、病院へ通い詰め、付きっきりで看病した。病状は一進一退。きれぎれに意識が戻った時など、由美子さんに向って話しかけることがあった。

「また一緒に外国へ行きたいなあ」

あるいは、

「もし、病気がよくなったら、二人で古本屋をやろう」

とてもかなわぬ望みとはわかっていたが、由美子さんは、そのたびに、本当にそんなことが二人でできたら、どんなにいいだろうと希望をつなぐ。しかし、奇跡は起こらず、二〇〇五年四月二日。石田禎郎さんの命の火は消えた。

このあたり、すらすらと話を聞いたように書いているが、実際には、由美子さんの言葉は何度も途切れ、絶句し、表情を歪めながらの取材となった。つらいことを思い出させてしまった。

それから丸三カ月の慟哭の日々を、由美子さんは自分がどうやって生きていたか、思い出せない。その春、桜が咲いていたかも覚えていない。それは夏目漱石「夢十夜」の第一夜で、死ぬ前に女から男が「百年待っていてください」と約束させられ、その通り、墓の前にただ座って、じっと赤い日がどんどん頭上を過ぎていくのを待っているような心境だったろう。

「妹が心配してくれて。私が後追い自殺をするのではないかと。実際、カウンセラーにかかっていましたし、ずっと睡眠薬がないと眠れない。つい最近まで、そうでした。カウンセラーに言われたのは、明日のことを考えなさい、って。なんでもいい。明日、何を買おうということでもいい。とにかく明日のことを考えなさい、と」

開店が精神のリハビリだった

夫の死の三カ月後、ようやく由美子さんは動き出す。

「もし、病気がよくなったら、二人で古本屋をやろう」

夫が残したあの言葉をなんとか実現したい。古本屋のことなど、何も知らなかった。ただ、雑貨店を経営した経験から、商品を仕入れて、売ることには自信があった。雑貨が本に代わるだけだとも思った。

「いま考えると、大間違いでしたけどね」と由美子さんは笑う。

開業資金をかけずに、リスクを少なくするためには、ネット販売による古本屋もあり得たが、由美子さんは店売りを選んだ。

「古本屋をやって儲けようとか、成功させようとかいう気はなかったんです。ただ、パソコンに向って一人部屋にじっとしているのでは、今までの生活からは抜けだせない。店の棚に本を並べたり、お客さん相手に言葉を交わしたり、本を売り買いすることで、精神的なリハビリを図ろうと思ったんですね」

二〇〇五年九月、阿佐ヶ谷のケヤキ並木の美しい中杉通りに小さな店舗を借りた。狭い店だったが、緑の棚を特注し、そこに自分の好きな映画の本を並べた。本について多少の知識があるのは、映画の分野だけだったから。ただ、阿佐ヶ谷時代の店舗は、あまりに瀟洒で、きれいな店だったもので、しばしば新刊書店と間違えられたという。「NHKのテキストを注文されたり、杉並区の地図を探しに来る人などもありました（笑）」

映画の本を置けば、映画好きが集まる

東京古書組合にも加入した。加入時には組合員による面接があるが、由美子さんが部屋から出ていった後、ベテランの古書店主たちが思わずもらした言葉を、後になってから聞いた。

「『あの人、大丈夫かなあ。年もいってるし、なんだか頼りない感じだったけど』って、おっしゃったそうです。後から面接を受けた同業者の方から聞きました」

また、古本屋を始めると言うと、複数の同業者から「この商売は儲からないよ」と言われたそうだ。これについては、先述の通り、「儲けようと思って始めたわけではない」。それに、「みなさん、そうおっしゃるけど、やり方によったら、そんなに言うほど、悪い商売じゃない。ちゃんと利益が出ることがわかってきました」と由美子さんは言う。母方の実家が代々呉服屋だったことはすでに書いたが、どうやら、

映画関連の本が店内のほとんどをしめる。名画座のロビーにいるような雰囲気だ

雑誌も見やすく並べてある。表紙の目つきの鋭い男は松方弘樹

由美子さんには「商人」の血が流れこんでいるらしい。たしかに古本屋としては素人だが、映画の宣伝プロデューサー時代に、ものを売り込むプレゼンテーションの方法は知っていたし、雑貨店を成功させた経験もある。なかなかどうして、見た目ほどはかなくも、頼りなくもないのである。

自分の好きな「映画」の本を置いておけば、映画好きな人が集まる。その狙いどおり、次第に「石田書房」には、口コミやホームページを見た、もと「映画青年」たちや「映像作家」をめざす若者たちが足を運ぶようになる。一冊の映画の本を前に、お客さんと何時間も話しこむこともあった。古本屋という商売が、単に客が欲しがっている本を売るだけではないことに由美子さんは気がつき始める。結果論ではあるが、この仕事が、夫の死から立ち直るための、いい道場になったわけだ。

古本屋同士の繋がりに助けられ

阿佐ヶ谷からたった一年で神保町へ移ったのは、旧店舗の水回りに問題があったせい。

「自分の住む高田馬場か、神保町のどちらに移るか、さんざん迷ったんですが、やはり古書組合の市場が近くにある魅力が捨てきれず、思い切って神保町を選びました」

思い切って決められたのは、物件の契約に迷った時に、荻窪「ささま書店」、神保町「喇嘛舎《らましゃ》」というベテランの古書店主が背中を押してくれたからだという。引っ越しには、大量の本の運搬が悩みの種だったが、高円寺古本酒場「コクテイル」、浜田山「パラディ」という同業者の店主が、車を調達して手伝ってくれた。古本屋という仕事は同業者間の繋がりが強く、同業者同士が助け合うのがならいとなっている。

「危なっかしくてみてらんないよ、とみなさん助けてくださって。嬉しかったですね。大袈裟ですけど、ああ、人は一人で生きているんじゃないんだな、と思ったりして」

古本屋という仕事を通じて、新しい世界が広がり始めている。由美子さんは最近になってようやく、睡眠薬なしで眠れるようになった。

最後に、大事なこと。「石田書房」と、意外にも平凡な店名をつけた理由を聞いてみた。答はこうだ。

「いろいろ考えたんですよ。カタカナの洒落た名前も。でも、変わった名前だと、主人が気づかないかもしれないでしょう。『石田書房』としておけば、きっと気づいて、ああやってるな、と思ってくれるかもしれない」

この返事を聞いて、もうそれ以上私の頭の中には、何の質問も浮かばなかった。今年もまた、四月二日はやってくる。しかし、それを繰り返しているうちに、漱石の

「夢十夜」の男のように、いつかこう思える日がくるかもしれない。
「百年はもう来ていたんだな」と。

（2007年3月）

＊その後、石田書房は神保町すずらん通りに店を移転して営業を続けている。

石田書房（2005年開業）
〒101-0051　東京都千代田区神田神保町1-19　藤本ビル2F
TEL&FAX03-3292-7525
営業時間12時〜19時　日曜定休・祝休日不定休

●父子二代で地元に根ざす──**山猫館書房　水野真由美**さん

本棚も備品も、安く譲ってもらうか、ゴミ捨て場から拾ってきたようなものばかり。お金がかかったのは、看板と車と電話ぐらい。

肛門も桃色子猫の探検隊

群馬県前橋市の古本屋「山猫館書房」主人、水野真由美さんの句である。一九五七年前橋生まれの前橋育ち。第一句集『陸封譚』で中新田俳句大賞を受賞。俳句誌「海程」（主宰・金子兜太）の同人で、季刊俳句誌「鬣　TATEGAMI」（代表・林桂）の編集人でもある。店名に「猫」がつくごとく、猫が大好きで、知り合いからは「ネコ」と呼ばれていたりする。

冒頭の句、通りから路地へ、我が物顔で徘徊する猫たちの姿を、水野さんが後から追っかけていく様を描いて楽しい。桃色の肛門が自動車のテールライトのように揺れている。「KOUMONMO　MOMOIRO」と、「O」と「M」の音が追っかけっこするように連なってリズムを作り、メロディーが聞こえてきそうだ。こんな一句を作る水野さんは、水気をたっぷり含んだ果実みたいに、いつまでも柔らかな童心を失わぬ人に思えた。

学校帰り、ランドセルを投げ出して川で足を洗い、近く赤城山を眺め、低い軒並みの町中をすいすい駆け抜け、御両親の愛情を陽の光のように浴びて、すくすく育ってきた人。よく笑い、よく喋る。快活な印象からもそんなイメージを抱いていた。

とんでもない誤解だった。

「そんでもってぼくはさあ……」と、水野さんは話す。自分のことを「ぼく」と呼ぶのだ。「ぼく」が語る幼少女期は、そのまま小説になるようなすごい話だった。まず水野さんの父親が戦後、前橋で「みづの書店」という古本屋を始めたところから。

古本屋の店番をする小学生

戦後、復員してきた父親は、地元の前橋で古本屋を始める。町中の路地の奥に店を構えた。これはよくある話。戦中よりむしろ困窮した売り食い生活の中で、とりあえ

水野真由美さん。まわりには猫がいっぱい

ず手持ちの蔵書を並べて古本屋になる人は多かった。水野さんの父親は筋金入りの文学青年で、いつ見ても本が手にはりついたような人だった。水野さんがものごころつく頃には、貸本屋を兼業し、高崎市の映画館の支配人をやっていた時期もある、と後になって聞いた。

ところが宿痾となる肺結核を悪化させ、水野さんが四つか五つの頃、父親は入院。母親は男を作って逐電したから、たちまち水野さんは一人ぽっち、家にとり残された。父親の乳母をしていたという女性の元に引き取られた。

「これが公園の敷地の中に建ってるような変な家なの。ぼくは『もぎのおじい、おばあ』って呼んでたけど、おじいは下駄の職人さん。仕事場にいつも下駄が積み上げられてて、よく竹ひご細工の飛行機や竹馬をこしらえてくれた。障子を使って影絵をしてくれたり。おばあはいつも忙しく働いていて、夜、ご飯を食べる時だけ三人一緒になるの。ぼくはこのおじいとおばあが大好きだった」

なかぞらの静寂《しじま》も花の掟かな　水野真由美

水野さんが学齢に達し、小学校に上がる日が来た。おじいとおばあに見送られ、入学式から帰ってくると、おばあが部屋の真ん中でごろりと横になっていた。もぎのおばあは、その時、息を引き取っていたのだ。

しばらくは、おじいとの二人の生活をするが、やがて父親の叔母にあたる「大叔母」と言われる人と暮らすようになる。

「長唄のお師匠さんだったんですよ、その人。うちの父親の母も芸者をやっていたみたい。だからいつも家の中に三味線の音が流れてた。銭湯なんかへ行くと、知らない人から『あら、シロスケさんの孫なの？』って声をかけられたりしましたね。父親が退院する小学三年まで、その三味線の家にいた」

父親は手術で肋骨を六本切断、肺も片方を切除。棺桶に身体半分突っ込んだような入院生活から帰還した。路地のどんづまりの店をたたみ、町中から少し離れた国道沿いに移転する。また、父親と娘の生活が始まった。母親がいない小学三年生は、病弱な父に代わって炊事から古本屋の店番まで、働く児童と化した。前橋の「じゃりン子チエ」だ。

死を意識していた子ども時代

「父親は下戸なんですよ。だから食べることにはものすごく執着があって、甘いホットケーキとかよく作って食べさせてくれました。それで、なんでこんな飲んべの娘が生まれたのか（笑）。ぼくが料理をするんですが、小学三年でしょう。すべてが見よう見まねで、里芋を煮た時も、ぬるぬるがいつまでたっても取れないんで、取れるまで煮てたらなくなっちゃった。父親は『おまえはバカだ』って怒ってましたが、わからないものねえ」

それよりも水野さんには、小学校の入学式から帰ってきた時、おばあが死んでいたという強烈な記憶がある。片肺の父親も、いつ死ぬかわからないといつも思っていたという。たまに、疲れて父親が部屋で寝ている姿をみるとドキッとした。店に古本があるように、死が実感としていつもそばにあった。

私は水野さんと同じ一九五七年三月末の生まれ。小学三年と言えば、両親と姉と弟という家族に囲まれ、夜は死んだようにぐっすり眠り、翌朝、新しい一日が始まることを疑いもしなかった。欲しいものがあると泣いて父親にねだった。怪我をするとまた泣いて母親に甘えた。同じ頃、前橋の空の下で、父親の寝姿に衝撃を受ける同い年がいたのだ。

「学校でよくいじめられたのは、きっと汚かったんですね、ぼくが。着ているものもそうだし、母親の目がないから、衛生的にも行き届かなかった。臭かったと思いますよ。生意気、デブ、汚いって言われて、ランドセルを隠されたり、ごみ箱に閉じ込められたりした。家も貧しくてテレビもなかった。あるのはトランジスタラジオと手回し蓄音機ぐらい」

この蓄音機で、よくSP盤のクラシックや、シャンソンを聞いていた。ダミアの人生に絶望した暗い声が好きで、一人で一緒に歌っていた。どういう小学生だ！

萩原朔太郎の初版本を手にする

水野さんはもうこの頃から詩を読んでいた。中原中也、津村信夫、佐藤春夫、そして地元が生んだ大詩人、萩原朔太郎。

〈まだ字が読めない時から路地奥の家には「さくたろう」があった。店番をする父の頭の上には詩を染めたのれんが下がっていたし、座敷には初版本を納めた小さな本棚が置かれていた〉と、「郷土の詩人萩原朔太郎生誕120年　群馬特集」（「朝日新聞」二〇〇六年十月二十七日付け）で水野さんは書いている。そこにはこんなことも。

〈夏だったと思う。学校から帰ると見覚えのないお客さんが萩原朔太郎の詩集『月に吠える』の初版本を見ながら父と話していた。父の宝物であるその本を私は一度も触らせてもらったことがなかった〉

「なんで見せてあげたのっ？」と文句を言った水野さんに、父親は静かに説いた。彼は朔太郎を研究する京都の学生で、前橋に来たが、町の誰に聞いても朔太郎のことをくわしく知らない。図書館でようやく「みづの書店」のことを聞いて、朔太郎のことを話せる人にたどりついたのだった。本を愛し、詩に恋いこがれる者への特権として、初版『月に吠える』は、学生の手にのせられた。物理的な重量より、なお手に実感する重さがあることを古本屋は知っている。

その『月に吠える』が水野さんの手にのる日が来た。十二、三歳の頃、父親は「手を洗っておいで」と言って、そっと娘の手のひらにのせた。そしてこう言った。

「こういう貴重な本は僕が持っていても僕の本じゃない。次の世代に渡すために預かっているのだから大切に扱わなきゃいけないよ」

本の扱い、開き方や持ち方も厳格に教えられた。

テレビも母親もない父と娘の会話は本や詩、映画や美術、歌謡曲などについてだった。あるいは詩について父親がなぞなぞみたいに、問題を出す。

「父親が誰のものか言わずに、詩を読むんです。それを聞いて、誰が書いた詩かをぼくに当てさせる。『三好達治かな？』なんて言うと、キッとなって、達治がこんな言葉の使い方をするか！　って叱るんです。ぼく、小学生なんですけど（笑）」

そういう水野さんだが、みづの書店の店番をしながら『奇譚クラブ』なんて風俗雑誌をこっそり読んでいた。「朝、大人はみんな平気な顔してバスに乗ってるけど、夜になるとこんなふうに縛るんだ」と思っていたという。だから、よほど大人っぽく見えたのか、ある日男性のお客さんがエロ雑誌の棚を指差して、「どれがいいか教えてくれ」と聞いてきたことがあった。まだ小学生であることを告げると、あわてて店を飛び出し、近所の駄菓子屋でお菓子を買ってきて謝った、なんて話もある。まさにアンファン・テリブル！

冬天や横笛を手に祖母来たる　　水野真由美

しばらく父娘による、厳しくも平穏な生活が続いたが、中学一年の時、父親が再婚。高校受験を機に、水野さんはまた三味線の大叔母の家に下宿するようになる。高校時代も、学校が終るとよく「みづの書店」の掃除や店番を手伝ったが、結局父親と一緒に暮らしたのは、父の七十年の生涯のうち、ほんの十年ぐらいのことだった。その十年のなんと濃いことか。

ジャズ喫茶に入りびたりの日々

中学で原口統三、大江健三郎、野坂昭如、倉橋由美子を読んでいた水野さん。

「英語の女の先生がぼくのことを気に入ってくれて、あなたは『バニシング・ポイント』を見るべきよ、ぜったい見なさい、って言って、お金がないと答えたら、じゃあ私が出すって映画代をくれた」(「バニシング・ポイント」は七一年公開のアメリカン・ニュー・シネマの傑作。消失点めざして、主人公の乗る車がひたすら疾走してゆく)。

一年の中学浪人を経て、地元の女子高へ入学。すでに酒、タバコを知り、文学とジャズに明け暮れる日々が始まる。

「町のなかを流れる馬場川沿いを下ったところに、短い坂があって、その坂の途中に『ダウンビート』というジャズ喫茶を見つけたんです。高一の時、初めてそこで生のジャズのライブを聞いて興奮して、以来、入り浸るようになりました。まわりはみんな大人で、ぼくと同い年の子なんか、いなかったなあ」

その時の様子を自著『猫も歩けば』(山猫館書房)の中で、水野さんは書いている。

〈酒好きで小遣いの乏しい高校生が、この店でジャズを聴きながら飲む楽しさを知った。店のゴミ出しを手伝って一杯、客から「おれのボトルを飲め」と一杯。大学に受かったときは、みんなが腕時計を贈ってくれた〉

大叔母の家に住んでいるとはいえ、さすがに夜、高校生が抜け出すのはまずい。よく「銭湯へ行く」とウソを言っては「ダウンビート」へ出掛けた。あんまり帰りが遅いので、大叔母さんが銭湯へ迎えに行ったことでバレてしまった。

眠る樹覚める樹星を生み出す樹のありぬ　水野真由美

かと言って、高校をサボるようなことはしなかった。勉強は嫌いだが、相変わらず本は読んでいたし、それに応える教師たちと水野さんはここで出会っている。

「高一の時の国語の先生とは、同じような本を読んでいることがわかって、感想を書いたノートのやりとりをしていました」

必修クラブで選んだ「現代思想」には二人の顧問がいた。あとで聞いたら、「どうせ、こんなクラブ、一人も来やしない。そしたら止めよう」と思って作られたクラブだったという。そこに水野さんが乗り込んだ。この鍛え甲斐のある生徒に、教師が真正面からぶつかった。

「それまでも哲学思想の入門書や雑誌なんかを読んでても、自分の立ちようがないと

澁澤龍彦やフランス文学も充実する棚。これぞ古本屋の直球勝負

思ってた私に、いきなりエンゲルスをテキストにして、一行、一行、その意味を問うてくる。下手な感想はなし。徹底した字義解釈。『権力』とは？　『生産』とは？……わかって生きてきたつもりだけど、わからない。もう涙が出るほどやられました」

父親からバトンタッチされたように、こうしてジャズ喫茶の常連、学校の先生たちから、雲から頭一つ突き出た、未知の大人の世界を学んでいく水野さんだった。

九州男児をパートナーに

高校卒業後は和光大学人文学部に進学し、上京する。この頃の話を書いていると、とうてい前橋に戻って来れない。これまでの水野さんの二十年弱から、あとはお察しください。すごい話なんだ、これがまた。ただ、東京で「山猫館書房」を経営するパートナーとなるご主人鮫島浩一さんと出会ったこと。そして古本屋になるきっかけとなったエピソードを押さえておく。

〈昔、引っ越したばかりの町で寂しくなると古本の匂いをかぎに行った。カビっぽいような古書の匂いにホッとして、買った一冊の本が『古本屋になろうかな』のきっかけだった気がする〉（『猫も歩けば』）

水野さんは言う。

「結局、古書の匂いが父親の匂いだった」

父佇《た》ちてアカシアの花透きとほる　水野真由美

一九八一年九月に、ご主人と車二台で東京から前橋へ。十一月には今の場所で「山猫館書房」をオープンさせていた。ご主人は福岡の生まれで長男。結婚は大反対された。向こうの挙げる九州男児の嫁の条件から、水野さんはことごとくはずれていた。

「半ば『拉致』するように前橋へ連れてきた」と水野さんは笑う。

しかし、けじめとして水野さんは、ご主人の実家に挨拶に行った。最初は苦い顔をしていた父上の前に薩摩白波とフグ刺し。水野さんの目が地の焼酎に留まったのを父上は見逃さない。「やるか?」と仕種で酒を注ぐのに、破顔してコクリとうなずいた。こうして九州男と上州女の酒合戦が始まり、酒瓶が空く頃には、水野さんはすっかり九州男に気に入られていた。気に入らないわけがない、と私などは思うが。

前橋の地域性

「店は、お金がないから内装を含めみんな自分たちでやりました。本棚も備品も、安く譲ってもらうか、ゴミ捨て場から拾ってきたようなものばかり。お金がかかったのは、看板と車と電話ぐらい。始める時、現金で五十万か六十万ぐらいしか持ってなかったんだもん」

本棚には、戦後文学から、澁澤、唐、寺山、足穂、バタイユと自分の好きだった文学書を集めた。これが「山猫館書房」の旗となった。父親からは、文学全集などを譲ってもらった。群馬の古書市に顔を出したら、みんな「みづの書店」で店番をしていた娘を覚えていてくれて歓迎された。その頃、群馬では貸本屋から古本屋に転じた女主人が幾人もいて、「女性だから」という意識はまったく持たなかったと水野さんは言う。

「山猫館書房」がオープンした八〇年代初め。前橋市内にも、まだ十数軒の古本屋が営業していて、市場も活気があった。店も本好き文学好きが通い、にぎわっていた。ふらりと入って来た男性客が、高柳重信の句集を手に取り、「へっ、安くつけてるな」ともらした。それがのちに水野さんの俳句仲間となる林桂さんだった。

「ぼくが俳句にのめりこみ、山猫館書房を編集部に、俳句雑誌を出すようになったのも、古本屋をやっていたおかげですよ。本当に古本屋になってよかったと思っています」

一九八二年の正月から、前橋西武古書市に参加する。池袋西武リブロで「今泉棚」と呼ばれる人文書の棚を作った、あの今泉正光さんが、この頃、前橋西武にいて、古書市を始めた。

「今泉さんにはよく怒られたなあ。ああいうところって、ちゃ

昔ながらの古本屋のたたずまいで根を張る

んとしたカッコウをしなくちゃいけないのに、ぼくは初めてのハイヒールが痛くて裸足でいたら『裸足でやってんじゃねえよ！』って（笑）。でも、本を並べたのを見て、『いい本、並べたなあ』って言われた時は、本当にうれしかった」

店売りはやめない

最初の頃、古書市では本がバンバン売れた。レジが壊れるほど、客が古本を抱えて殺到した。八〇年代にあんなに熱かった風が、バブル崩壊頃ぐらいから冷え込んできた。もともと上州颪《おろし》の空っ風が、ますます空虚に、冷たく感じられるようになってきた。

「それでも節目節目に、うちの柱となるようなお客さんからの買いがあるんです。それでどうにか食いつないできた。古書市でぼくの姿を見かけて、『この土地を離れる時は、あの元気な女性の古本屋さんに売ろうと決めてました』と言って、蔵書を売ってくださったお客さんもいる。夜逃げするので本を処分するというお客さんとは、お茶を飲みながら長話をしました。だから、どんなに店売りが悪くて、営業が苦しくてもネットに移行しようとか、店をやめようなんて思わないですね」

小学生の頃、学校帰りに拾ったボタンを、家に帰ってから父親に見せたことがある。

父親はそのボタンを手にのせ「月夜の晩に、ボタンが一つ／波打ち際に、落ちていた」と中原中也の「月夜の浜辺」という詩を諳んじてみせた。そして、水野さんの手にボタンを返し、「よかったね」と笑った。水野さんはうれしかった。

そのボタンと同じように、古本屋という職業が、父から娘に手渡された。いまや前橋市内の古本屋は、片手もあれば指折れる状況にあるが、それでも「山猫館書房」の看板ははずさない。娘が古本屋をすると告げた時、おそらく今は亡き父親は、ボタンを手にのせられた水野さんのようにうれしかっただろう。

最後に水野さんの句。

茴香《ういきょう》や放浪学生笛拾う

（２００７年11月）

山猫館書房（１９８１年開業）
〒３７１-００１８　群馬県前橋市三俣町１-26-８　ＴＥＬ＆ＦＡＸ０２７-２３２-９３２１
営業時間11時〜20時　水曜定休
URL：http://members3.jcom.home.ne.jp/yamaneko-kan/　E-mail：yamaneko-kan@jcom.home.ne.jp

それからの「女子の古本屋」

本書の元本となる、単行本版の『女子の古本屋』が筑摩書房から刊行されたのが二〇〇八年三月。それからたった三年ながら、「女子の古本屋」の世界は大きく広がりつつある。業態として、女性店主による古本屋が急速に増えつつあるのだ。ネット販売専門まで手を広げると、その数は皆目見当もつかないが、店舗を持ち、店売りをする女性だけにかぎってもずいぶん増えた。

もし『女子の古本屋』が、女性店主の古本屋増加に、何らかの後押しをしたなら、著者としてこれほどの喜びはない。単行本版を読んだ読者が、さまざまな障碍を乗り越えて、女性の手で古本屋を開業したのだったら、それは私なりに力を込めて書いた本への最大の賞賛であるから。

そこで『女子の古本屋』以後に生まれた、あるいは取材からこぼれた「女子の古本屋」のいくつかを訪ねて、ここに紹介することにしよう。

「古書 玉椿」石井佐祐里さん

「古書 玉椿」は二〇一〇年八月二十八日のオープン。私が訪れたのは同年の十月二十日、小雨の日だった。場所は、東京都多摩市。最寄りの駅は京王線「聖蹟桜ヶ丘」。西口を出て「ザ・スクエア」の脇を抜け、西へ伸びる道をしばらく行くと二股道に出る。この二股道が作る鋭角の先端にあるのが「玉椿」だ。その店舗は、まるで小舟のようだ。

店の前にウッドデッキがあり、これもなんだか船着き場みたいな雰囲気。均一の箱もここに並べてある。外壁は細い板が楕円に張られ、ガラス窓からふんだんに光が差し込む。入口で迎えるのは遊具や籐椅子、「じゃじゃ丸」の大きなぬいぐるみだ。絵本や児童書が入口近くに固めてあるから、これは小さなお子さん連れのお母さん客を想定してのことだろう。

奥にレジ、その左の壁には北欧の本が固めてある。全体にほぼ全方位のジャンルをフォローし、文庫の棚もしっかり目配りが利いた品揃え。ホロコーストやナチスものが充実しているなど、お洒落な外観や、入口で出迎える「じゃじゃ丸」で甘くなった眼が、思わずキリリと締まる。

店主はおかっぱ頭にくりくりした目玉の石井佐祐里さん。いかにも可愛いお嬢さんだ。これでまた眼が「甘く」なる。一九八三年生まれだという。取材時、まだ二十代。とうとう私の娘世代の古本屋さんが生まれた。

予想外のしっかりした棚のわけは、話を聞いてわかった。大学卒業後、練馬区大泉の古本屋「ポラン書房」で二年間、アルバイトをしていたというのだ。独立して二年、インターネットでの古本販売をしていたが、ついにリアル店舗を持つことになる。石井さんにとっての夢の実現だった。

「ポランさんで働いていた経験から、ネット販売をしながらも、いかにお店が大事か、ということはわかっていました」

たんに古本を売り買いするだけではなく、さまざまなお客さんの受け入れ場所として、一種のサロンとして「ポラン書房」は地域で存在感を示していた。それは若い石井さんにとって、大学の授業では得られない、社会というものの手触りのある「実感」だったのである。

「ポラン書房では、古本のこと、店のこと、ほとんどすべてを学びました。何が、って聞かれると困るんです。それこそ一から十まで。直接に大きいのは買い取りの経験ですが、自分で店をやってみて、いかにポラン書房が染み付いているかがよくわかったんです」

　ポラン書房店主・石田恭介さんによると、「玉椿」さんは、最初から「やる気」が違っていたという。腰掛けのアルバイトというより、自分で独立してお店を始める心づもりがあったのだろう。

「一緒に仕事をしていても、何かを吸収しようという意欲が見えました。いちばん印象的だったのは、一緒に古書の市場へ連れていったとき、フィギュアスケートの古い洋書を彼女が買ったこと。状態もよくなくて、売り方も難しいんですが、眼のつけどころが違うなあ、と感心した覚えがあります」

　石井さんは明治大学の卒業生。神保町はすぐ近くだったが、在学中はそれほど古本そのものへの興味はなかったという。ただ本は好きだった。大学時代は、いわゆるイマドキの女子大生たちの群になじめず、よく一人でいたそうだ。

　祭りより、祭りのあとの神社の境内を一人で散歩するのが好き、というタイプだろうか。私もどちらかというとそっちの方だから、気持ちはよくわかる。そんな彼女にとって、古本屋の店主も自分なりに見つけた、一つの居場所だったのだろう。

「オープンした当初は、不審がってなかなかお客さんが入ってくれませんでした。オーナーは花屋さんで、この店舗は雑貨屋、マッサージ店など次々変わったようで、地元の人にとっては、なかを覗かないと、何を売っている店かわからなかったみたいです。そのうち少しずつお客さんが足を踏み入れてくるようになって、これからだと思っているんです」

岸を離れた小舟は、最初ゆっくり進む。やがて、川の流れに乗ってスピードが出てくるものだ。その後、古書組合へも加入したというから、そのうち大海へ漕ぎ出すようになるかもしれない。

古書玉椿の多摩市一ノ宮店は閉店。現在「旅する本屋　古書玉椿」としてネットで営業
URL：http://tamatsubaki.net/

石英書房　水川直恵さん

「田端」は自分の足で実際に歩いてみて好きな町となった。山手線に沿って「高台通り」という名前そのままに尾根が続き、西へ向けて急な斜面を作る。ここに静かな住宅街が時間を止めたように息をひそめて広がっている。ＪＲの「田端」駅は、二〇〇八年、北口の方に駅ビルが建ち、すっかり様変わりしたが、南口の駅舎は小ぶりの木造平屋で昔の面影をそのまま残している。歩き甲斐のある「懐かし町」だ。

大正から昭和の始め、ここに芥川龍之介、室生犀星など多くの作家や詩人、あるい

は画家が住みつく。「田端文士村」と名づけられ、その記念館が駅近くにある。どこからどう考えたって、本来は古本屋が似合う町なのだ。しかるに、田端高台通りに「石川書店」という、小粒ながら良書を安価で提供する良店があるのみ。もっと駅よりに「忠敬堂」という古地図の専門店があったが、店を閉められた。もったいないなあ、こんないい場所なのに。

そう思っていたら、二〇一〇年三月に「忠敬堂」からほど近い場所に「石英書房」という古本屋がオープン。これが「女子の古本屋」だ。行かずばなるまい、と誰だって思うでしょう。昭和五十八年に出た中公文庫、近藤富枝『田端文士村』のカバー絵（風間完）そのままの「田端」駅南口を出て、コンビニも立ち食いそばもない、がらんとした石畳のアプローチを行く。そそり立つ壁に石段あり。かつては階段ではなく急坂だった「不動坂」は、大正三年にこの地に移り住んだ芥川龍之介も上り下りした。

不動坂からすぐ、路地を一本入った途中に「石英書房」はあった。「あった」と言えるのは、そこにあることがわかっているからで、とくに看板もなく、素っ気ない外観は、そこが古本屋だとは気付かずに通り過ぎる人も多いにちがいない。入って右側に絵本、児童書、それに食、生活、ファッションなど女性らしい棚。通り側窓下のコーナーに「店主が特に好きな本たち」棚があり、干刈あがた、武田百合子、芝木好子、梨木香歩、田辺聖子などが揃っている。

振り返れば平台には、さまざまな鉱物。これが「石英書房」の由来か。中央通路を挟んで本棚の列。江戸・東京の関連本が充実、日本の近現代文学の研究書・評論の量も多い。各大手出版社が出している変形のビジュアル本「とんぼの本」(新潮社)、「講談社カルチャーブック」も目についた。雑誌では「太陽」「芸術新潮」「銀花」などを優遇、と書けば、「石英書房」の傾向がちょっとわかるのでは。

店主の水川直恵さんは一九六八年鎌倉生まれ。育ったのは千葉で、大学卒業までいたそうだ。本書『女子の古本屋』を「ちくま」連載時に気付いたのは、女性古書店主の多くが、父親の影響を強く受けていること。水川さんもそうだった。

「父は元教員で、高校で理科を教えていました。じつは、私も元教員なんです。この父が旅と本が好きで、家には本がたくさんありました。子どもの頃の休日の思い出と言えば、父の『おい、神田へ行くぞ!』の一声です。私は『やったあ』と言ってついていく」

「神田」とは、もちろんここでは、本の町「神田神保町」を指す。神保町へ着いたら、娘の直恵さんは子どもの本の売り場へ連れていかれ「ここで待っていなさい」と言われる。父親は勝手に自分の好きな本を探しに行き、その間、子どもの直恵さんはじっと本を読んで待っていた。また、待てる子どもだった。しかし、そんな人がみんながみんな、古本屋になるわけではない。「女子の古本屋」への道は、まだ遠い。古本屋になったことを、直恵さんは「じつは、自分でもびっくりしている」と言う。古本屋に勤めたこともなければ、そもそも物販の経験さえなかったからだ。

結婚し、三人の娘の母親になった。二〇〇九年から、雑司が谷の商店街で始まった古本フリマ「みちくさ市」に参加して、道ばたで蔵書を並べて売るという経験をした。同じ年に、もう一度出店。また、神保町の古書店「ブック・ダイバー」で定期的に開かれる、店内での女性による古本市にも参加するようになり、心に「お店をやりたい」と火がついた。

「ちょうど、経済的事情で自活の道を探していて、これしかないと思うようになったんですね。子どもが三人いましたから、勤めに出るというのも難しい。また、好きなことでないと、仕事としてキツいとも思っていました」

労働時間を自分で裁量できて、いざとなったら子どもを連れて来て、店番もできる。それでいて好きな仕事と言えば古本屋しかない。選択肢は少なかったのである。蔵書家の父親の後押しもあり、この地に八・五坪の物件を見つけた。これまで事務所ばかりに使われてきた物件で、ものを売るのは「石英書房」が初めてだという。田端を選んだのは、ここに「田端文士村」の文学的記憶が眠っているからでもあった。「店を始める場所として、文学に関係のある場所、というのも条件に入っていました」と水川さん。

ちなみに水川さんが大学で卒論に選んだのは二葉亭四迷。シブいなあ。二葉亭は豊島区駒込の染井霊園に眠る。じつは、駒込でも店舗探しをしたそうだ。

店は八・五坪の長方形。レイアウトしやすく、棚を並べるのにも都合がいい。借りる際に保証金がなかったのも助かった。外装も内装もなるべく手をかけず、本棚と備品を揃えるだけの経費で店をとりあえず始めた。ただ、人通りの少ない場所で、営業時間も週四日の一日七時間ほどと、なかなか地元の人に認知されない。売り上げゼロの日も何度か経験した。

「いま考えたら、初期投資をケチらず、もっと外装に手をかけて、古本屋ということをアピールするようにした方がよかったかもしれません」

売り上げが家賃と経費を上回らない「赤字」が続き、正直、商売としては苦しい。「当初の赤字は覚悟していたし、じりじりとやっていくしかない」と言う。それでも、ポスティング（郵便受けにチラシの投入）もしたし、店内で「一箱古本市」や読書会を開くなど、もっと広く知ってもらえる努力はしている。それが実を結ぶのは、まだ先かもしれない。

「私がお客の立場だったとき、お店へ入るのに、子連れだと本当に苦労したんです。お店側が子連れの母親を受け入れる体制になっていない。私は、赤ちゃんや幼児を連れた、本好きのお母さんたちにどんどん来てほしい。お店の造りも、置く本も、そういった母親的、子育て的な視点をもっと出していきたい」

主婦で子連れ。お店をやるのに難点となる条件を、水川さんは強みとすることで「石英書房」を成り立たせようとしている。「石英」はかつて日本でも、良質なものが豊富に産出されていた。一部、宝石として珍重されるが、多くはざらに見られる。古本と同じだ。そのなかから、自分の目で、キラリと光るものを見つけようとする「石英書房」さんだった。

田端店は閉店。千葉県市川市真間2-2-12の古本カフェ「アトリエ・ローゼンホルツ」の棚を借りて古本を販売。

B/RABITS　熊谷敦子さん

吉祥寺から渋谷へ向う井の頭線。二つ目の駅が「三鷹台」。駅前には松任谷由実も通ったお嬢様学校「立教女学院」がある。それとは反対の側へ降り、ものの二、三分も歩くと、閑静な住宅街に建つ大きなマンションの前に、一本の大きな木が見える。こんもり葉を繁らし、道に緑陰を作り、この町の主のようだ。後でこの地に建ったマンションは、これを伐らないよう配慮されたのではないか。

木の向いにあるのが「B/RABITS（ビーラビッツ）」。絵本と児童書専門の古書店である。入口のドアには店内が見えないほど、無数に絵葉書が貼ってある。なかへ入ると、しゃがんで絵本を探す若い男性客に、高い声でしきりに話しかける女性がいた。店主の熊谷敦子さんだ。名乗って取材させてもらうことになったが、以後、弾の途切れぬ速射砲のように、熊谷さんの熱いことばを浴びることになる。

まずは店の目の前に立つ木の話から。木の図鑑を見ても、何の木かはわからない。鳥がたくさん飛んでくる。さっきまで「チョットコイ」と鳴く鳥が来ていた。（「小綬鶏ですね」と絵本を見ている客が手助け）。一年間に二度、葉が落ちる。それを掃除する小料理屋の女将がいる。彼女なら、木の名前がわかるかもしれない。うちの軒先に燕のつがいが巣を作りかけた。うまく作れるように、板を渡しておいたが、お客さんの出入りがあるせいか、どこかへ行ってしまった。

ほんの二、三分のうちに、これだけの話題が飛び出した。メモが追いつかない。よって熊谷さんの、リズミカルなマシンガントークが断片的にしか再現できないのが残念だ。古本屋の数が少ない井の頭線。いまや貴重なこの店は二〇〇〇年四月のオープン。熊谷さんはフリーの編集者時代に、絵本の魅力に取り付かれ、絵本を受け渡す仕事がしたいと専門の古本屋を起ちあげた。

「これ、これ、これですよ」と、熊谷さんが持ってきてくれたのは「MOE」という雑誌（一九九八年十月号）。そこで、堀内誠一の仕事を紹介する土井章史さんの文章を読んだ。土井さんは、全国に知られる絵本専門店「トムズボックス」のオーナーであり、また絵本研究の第一人者でもある。土井さんは雑誌にこう書いた。

〈心から絵本を愛していた堀内さんは、子どもの本に惜しみなく技術を捧げた世界中の描き手たちを愛さずにはいられなかったのでしょう〉

「もうこの文章を読んで、私のやりたいことはこれだ！」と、堀内誠一を雑誌のデザイナーとしてしか認識していなかった熊谷さんの目が、このとき開かれた。「愛さずにはいられない」い絵本を集めるようになる。

「編集者時代は、集めた絵本は、自分が読んだら、知り合いにどんどんプレゼントしていたの。絵本のこと、なんにも知らない頃だから、あとで考えたら、そのほとんどが絶版で貴重なものだった。『返して！』って言いたくなる（笑）」

「やりたい」が、即「やる」というアクションに結びつく熊谷さんは、さっそく店探しを始める。最初は西荻窪。戦前から営業していたような、古い薬局が廃業した物件があった。まさに昭和のテイスト。気に入ったものの、漢方薬の匂いが充満している。この匂いが消えない。「身体にはいいかもしれないけど、絵本を売るにはちょっと」と、あきらめた。吉祥寺は家賃が高い。ならば井の頭線沿線がいい。ご主人が「浜田山」の出身。駅を一つずつ降りて、物件探しをして、「三鷹台」でこの店舗に出会った。

「最初は、降りたこともない町で、人通りも少なくて大丈夫かな、と思ったんですが、お店を一日でも早く始めたいと逸る気持ちが抑えられなくて決めました。どうせ、一年もたないかもしれない、とも思っていましたから」

「女子の古本屋」を取材して、店主と話したとき、はっきり二つのタイプに分かれる。人づきあいが苦手そうな、声も小さい物静かなタイプ。よく通る大きな声で客と応対し、生きるのが楽しいという姿勢を露わにするタイプ。熊谷さんは後者の代表に見えた。

とにかく、ひっきりなしに電話があり、客の出入りが多い店で、そのあいだ、店主は少しもじっとしていない。子ども連れのおばあさんがあれば、近寄って、どんなタイプの絵本が欲しいか探りを入れ、あれこれとアドバイス。均一を数冊取り置きを頼む老婦人には、「あらあ、この○○はお買い得」とリップサービス。レジへ数冊運んだ女性には、かぶっている帽子をほめ、客の買った本と同系統の本をさりげなく教えて奨める。泳ぐのをやめたら死んでしまう魚のように、背びれ尾びれをたゆまなく動かす。「水を得た魚」ということばがぴったりだ。

ところで、熊谷さんの右手に、白い手袋がしてあるのが気になった。「先日もドイツ人のお客さんに言われたの。あなたはクレイジーだ。世界中の古本屋を回ったけど、そこまでしている人はいない」と。どういうことか。どこの古本屋でもある程度はしていることだが、入荷した本を少しでもきれいにクリーニングして、あるいは補修してから棚に並べる。「B/RABBITS」はそれが徹底している。

「ほとんど一日中、絶え間なく、本をきれいにするために手を動かしている。一五〇円の『ぐりとぐら』を売るのに、八時間も手をかけたこともあった。バカでしょう?」と笑う。そのため、一種の職業病として、酷使に堪えかねた利き手の指が変色し、血が通わなくなった。こらえられない痛みがあるらしいが、それでもやっぱり気がついたら、本を拭き、汚れを落としている。

クリーニングの七つ道具をみせてもらったが、消しゴムやサンドペーパーは、どこの店にもある。しかし、使い込んで刃が丸くなったカッターナイフや、サンドペーパーは十五種用意しているというのには驚いた。あとはボンド、刷毛、つまようじも大いに役立つらしい。

薄利の商品もあるだろうに、いささか手間をかけすぎとも思えたが、一冊一冊をていねいに扱うことこそ、郊外で専門店をやるための生命線だと、話を聞いてわかった。

「もっと近くに古本屋さんがある方でも、わざわざウチに売りに来てくださる人がいる。東北や北海道からも、交通費を考えたら割に合わないのに、売るなら『B/RABBITS』と言ってくださって持ち込んでくださる。もう、感謝感謝ですよ。みなさん、お金じゃないって。好きな本を売るのは、子どもを手放すようなものだからとおっしゃるんですね」

これだけ一冊一冊をていねいに扱う店なら、大事にしていた絵本を、きっと好きな人のところへお嫁に出してもらえるだろう。そう考えるらしい。ここに古本屋という職業の不思議がある。店主と店と置かれた商品（本）が一体化したとき、そこに並ぶ本は、よその店で同じものが売られていたとしても、もう別物なのだ。

熊谷さんの熱にあおられて、勢いで書くが、どこの店でも見つかる加古里子「だるまちゃん」シリーズだって、「B/RABBITS」のそれは、魂が込もっている。


「B/RABBITS」は閉店したが、店舗そのままを別の店主が受け継ぎ「貘の店」として営業。営業時間11時〜18時　水曜日定休。

「古書　たなごころ」佐竹三枝子さん

神田神保町の裏路地に、女性店主の古本屋が開業したと聞いて駆けつけた。靖国通りから神保町一丁目のエリアに入り、ははあ、演劇専門の古書店「ゴルドーニ」のある通りだなとわかる。その少し先に、「古書　たなごころ」はあった。以前、「水平書館」が一時期、ここで店売りをしていた。外見は事務所ふうで素っ気ないが、新しくかかった「古書　たなごころ」の看板の文字がなんだか優しい。

入口を入るとすぐ左側が帳場、そこにいらしゃる女性の顔を見て、「@ワンダー」で働いていた方だと気付いた。どうも、どうもと挨拶。こちらは客として、よく顔を知っている佐竹三枝子さんに話をうかがった。

佐竹さんは、「@ワンダー」の前身となる「まんが市文化堂」時代から、オーナーの鈴木宏さんを手伝っていた古参の店員。早稲田大学のすぐ近くに店があった。最初、貸本と兼業だったが、のち古本専門となり、一九九〇年代後半まで同地で営業を続けていた。

古本屋に勤める前は何を？　佐竹さんの前歴を聞いて驚いた。ＮＴＴでテレフォンサービスなどを担当する、アナウンサーだったというのだ。

「『まんが市文化堂』時代に、鈴木さんの奥様が妊娠されて、人手が足りなくなった。そのとき、私に声がかかったんです。最初は、奥様が復帰するまでのつもりで、休みの日だけ、手伝っていたんですが、深みにはまってしまった。いま、そのとき生まれた息子さんが高校生ですから、気付いたら十七、八年、この仕事を続けていることになります」

早稲田時代には、秋の名物「穴八幡神社　早稲田青空古本祭」にも出店していたから、その手伝いもした。早稲田古本街の安藤書店さんが親切にあれこれ教えてくれて、いまでも感謝しているという。

「安藤さんのことばで覚えているのは、『古本が好きなら、本当は本屋に勤めちゃいけないんだけどね』。その通りなんでしょうが、私は古本が好きになった」

一時期、「＠ワンダー」が「ＲＢワンダー」を名乗っていた頃、靖国通りの一本裏筋にSFとミステリ専門の支店を出していた時期があったが、この店の店長が佐竹さん。オーナーの鈴木さんによれば、「うちの店におけるSFとミステリの分野を推し進めて確立させたのが佐竹さん。決断力があり、一つの分野を深くつきつめて研究される方で、古本屋という仕事にうってつけ」だという。「いずれ独立して店を持つんだろう」と考えていたから、辞めると聞いたときもそれほど驚かなかったという。

長年勤めた「@ワンダー」から独立して、店を持つきっかけは、父親の存在だった。「長く介護をしていたのですが、父とは本当に仲がよく、本好きという共通点もあって、楽しく暮らしてきたんです。長年、古本屋の店員をやってきて、私なりの『卒業制作』のつもりで、店をやろうと決心した。もし、ダメだったら、この世界からすっぱり足を洗うつもりでした。父親も、店を開くことを喜んでくれて、応援してくれていたんですが、開店には間に合わなかった。亡くなったんです」

店名の「たなごころ」は、ブログによると「手のひらに載るくらいの小さな店（5坪）」という意味、それと「本の手触りをたのしんでほしい」という思いが込められているようだ。店売りにこだわる店、だとも書いてある。

専門はSF、ミステリ、それに幻想文学、デザインや趣味の本、古い雑誌も置いている。店は広くないが、置きたいものの狙いを定めているので、これで充分なのかもしれない。帳場の上にかかる時計が、ミッキーマウスのイラスト入りで、ちょっとしたことだが、やはり女性のお店だなと思わされる。

「開店は午後からですが夜は二〇時過ぎまで灯りを灯していますので、ゆっくりおいでください」と、もらったショップカードには書いてあった。たしかに、ほぼ日が落ちると閉店になる神保町では、遅くまで開けている方かもしれない。

「三月十一日の大震災の日、神保町をさまよっていたお客さんが、路地で、うちに灯がついているのを見つけて来ました、とおっしゃいました。大変な日でしたが、開けていてよかった、とそのとき思いました」

十八年もひとの店で働いて、ようやく得た自分の店なのだから、なによりお客さんとの関係を大切にしている。パソコンに触れない老齢の客もたくさんいる。探している本が、「たなごころ」にはない。すると佐竹さんは、パソコンで検索し、客の代わりに他店に注文してあげるのだという。

「お客さんが欲しかった本を手にした時のうれしそうな顔。それを見たくて、この仕事をやっているようなものですね。本を通じて、人と出会える。古本屋という商売の一番おもしろいところじゃないでしょうか」

「たなごころ」では、すぐ斜め向いのカフェ「フルーク」で、不定期だが茶話会や朗読の会を開いている。これも、お客さんとのコミュニケーションをより深くするための試みだ。「小さな隠れ家でも心をこめて棚づくりをしています」がキャッチコピー。「たなごころ」は開店半年に満たないのに、すでに「いい店」の匂いがする。

「たなごころ」は東京都千代田区三崎町2-6-9　三栄ビル201に移転。週末のみ、要予約制で営業。TEL03-6380-8846。

「ゆず虎嘯《こしょう》」倉田真理乃さん・永井友子さん

東京の西郊、国立《くにたち》は一橋大学や国立音大、桐朋学園などが集まる学園都市。南口の正面から伸びる大学通りの両側に、広げた翼のように二つの通りがある。左側が旭通り。右側が富士見通り。この旭通りを四、五分歩いた右側のビル内の一室に「ゆず虎嘯」がある。二〇〇九年八月に、倉田真理乃さん、永井友子さんという二人の女性によって始められた古本屋さん。この店のユニークなのは営業形態で、金、土、日と週三日だけ、しかも夜七時から一〇時までしか開いていない。これには理由がある。

この店、じつは昼間は英会話教室として使われていて、しかも水曜の夜は幼児教室となる。「ゆず虎嘯」を経営する二人とも、昼間は別の仕事を持っていることもあり、こんな変則的な営業時間となった。そのため、家賃は格安、本棚も英会話教室用の作りつけとあって、借りる方としての条件はいいが、商売としては難しい。いい条件の陰には、ネックとなる条件が潜んでいる。世の中、いいことばかり、というのはなかなかないものだ。

倉田さん、永井さんのコンビは、かつて東京西郊の町で同じ書店に勤めていた。倉田さんが四年半、永井さんが六年のキャリアを経て辞めた。辞めてからも二人は友だち同士で、しょっちゅう会って話し、お酒を飲んだりしていた。本好きということで気の合うコンビだったのである。

「そんな時、二人で、古本屋やりたいね、お店持ちたいねと話していたんです。遠い夢でしたけど、仕事がキツいとき、辞めて（お店を）やっちゃおうか、という話が出たこともある」と、これは永井さん。

谷中・根津・千駄木エリアで始まった古本のフリマ「一箱古本市」に、二人で参加。これが夢の実現の助走となった。雑司が谷での「みちくさ市」には初回から、本を持ちよって二人で売った。これが楽しかった。

「書店員時代にも自分で注文を入れ、コーナーを作ったりして、それなりの喜びはありましたが、一箱古本市の場合、自分が売りたい本が確実に売れていくという喜びはもっと大きかった」と、倉田さんは言う。狭まったストライクゾーンに、思いっきり直球勝負するピッチャーの快感と言えばいいか。

倉田さんは出版社の倉庫管理の仕事、永井さんは出版をはじめ、派遣労働という本職を持つ。「ゆず虎嘯」は、時と場所を得て、余暇を使っての始動だった。パーフェクトとは言えないが、仲良しコンビによる夢の実現は、古本屋版「藤子不二雄」と言いたい気がする。店名は、二人が「ゆず胡椒」と「虎」が好き、という理由で合体させてつけた。「虎嘯」とは、中国宋時代の仏教書『碧巌録』に見える一節「龍吟雲起虎嘯風生」に由来する。虎が吠えれば風が起こる。派生して、英雄豪傑が世に出て活躍する意味に使われる。なかなか勇ましいネーミング。

開業当初は二人でずっと詰めて店番をしていたが、そのうち、交代して一人で来る日も作った。週末のひと気のないビルの一室。訪れる客も少なく、一人で店番しているときなど、たまにドアが開くと、ドキッとするという。

「そんなことじゃいけないんですけど、お客さんに驚くことがあって（笑）、かと言ってジロジロ見ると失礼だし」（倉田）。「私は、すぐ『いらっしゃいませ』って声をかけて、自分を落ち着かせる（笑）」（永井）

ひと晩の客がゼロの日もあり、平均して五本の指を折って数えられるぐらい。いくら安い家賃でも、なかなか利益が出るところまで達しない。ネット販売と、定期的に

「一箱古本市」に出店した売り上げで、なんとか補塡をしている。それでも今年（二〇一一年）の夏で、三年目に突入するところまでこぎつけた。

「最初から、これで儲けようとか、食べていこうなんて思っていなかった。好きなことをやっているんだから、趣味と言われても仕方ない。また、そう思っていないとやっていけない」

　これが二人に共通する思いだ。仲良しの同級生が、放課後にたった二人で教室に集まって楽しむクラブ活動の趣か。しかし、このままでいいと思っているわけではない。「できることからしていこう」という前向きの気持ちは失っておらず、今年一月には、地元の国立で初の「一箱古本市　くにたちコショコショ市」を主催運営した。

　本家の「一箱古本市」や、わめぞ主催の「みちくさ市」のように強力なサポート体制がなく、地元商店街との折衝など苦労はあったが、「おもしろかったし、やってよかった」と二人は声を揃える。国立には、すでに地元に根付いた幾つかの古本屋さんがあるが、店側から仕掛けて、ほかのエリアからも本好きの客を呼び寄せた催し物はこれが初めてのはず。かくいう私も参加させてもらった。

「ゆず虎嘯」には、昼間の英会話用に、大きなテーブルが置かれてある。わいわい集まっての読書談義、あるいは読書会なんてことも可能だ。本好きの人が集まる夜のスペースとして、この店がサロンのようになるといい。

現在は店舗を閉め、一箱古本市などに出店

「onakasuita」　小川綾子さん

三軒茶屋に「3軒茶屋の2階のマンガ屋」というマンガ専門の古本屋ができたときは、その奇抜なネーミングに驚いたものだが、いまや、古本屋の店名も自由自在。どんな名前が出て来ても驚かない覚悟ができている。それにしても「ToToとLuLu」、「頭突書店」、「赤いドリル」、「アバッキオ」などと聞くと、さすがの私もついて行けず、ちょっと歳をとったかなと思わされる。これが古本屋だとは！

「ｏｎａｋａｓｕｉｔａ」も、ひらがなで「おなかすいた」と書けば意味はわかるが、意味がわかっても、すぐにそれが何だかわからない。レストラン？　と頭に思い浮かんだら、いい線いっている。これは料理書を専門とする「女子の古本屋」なのだ。

場所は事前にちゃんと下調べしておかないと、たどりつくのは難しいかもしれない。中央線の「高円寺」と「阿佐ヶ谷」の中間ぐらい。しかもちょっと歩きます。「阿佐ヶ谷」からのほうがわかりやすい。北口から西友の手前を高円寺側に伸びる道があり、これが放物線を描くように中央線のガードをくぐって南下して伸びていく杉並六小へ続く道。これをつかまえれば「ｏｎａｋａｓｕｉｔａ」まで自然に運んでくれる。本当に、「おなかすいた」なあと思う頃、着くのです。

二股道がある通りの角に古いアパートがあって、その一階の店舗部分に入るのがこの店。ちょっと、古本屋がありそうにないロケーションだ。電灯をつけなくてもだいじょうぶなくらい明るい店内は、しかし狭い。バレリーナが足を上げてターンするのにぎりぎりか。ちょっと眠そうな目でまぶしく見上げる店主の小川綾子さんに聞くと、「三坪」だという。店内に並ぶのはもちろん、すべて料理書だ。大判のレシピ本がよく揃っている。だから棚も大きめ。世の中に、これだけ料理に関する本が出ていることに、まず驚く。

初対面かと思ったら、小川さんは「みちくさ市」に出店していて、私とことばを交わしているそうだ。それは失礼しました。感じのいい女性だったから、声をかけたに違いない。

小川綾子さんは三十代半ば、東京都文京区の生まれ。旧姓は鈴木で、本郷の東京大学赤門前にあった古書店「鈴木書店」の娘さんだという。法律、経済の教科書、それに新刊も扱っていた店だ。「私も五年ほど、父の店を手伝っていました」という。この『女子の古本屋』で出会った女性店主たちのなかでは珍しく「二世」だ。

小川さんは美術系の大学を出て、しばらく海外を一人旅していた時期がある。大学を出ても、プロの絵描きになるほどの技量はないと、自分で見限っていた。沢木耕太郎、そして『地球の歩き方』をバイブルに、アジア、ヨーロッパの国々をほっつき歩く。お金がなくなったらリゾートで長期バイト。富良野のレストランで働いたことも。「倉本聰がぶらりと入ってきた？」と聞くと、「そういう店じゃなかった」と笑う。放浪生活が終り、名古屋、そして東京でいくつかの新刊書店に勤務。名を聞けば、誰でも知っているような書店ばかりだ。ベルトコンベアーに乗って量産される商品のように、次々と送り込まれる本や雑誌の洪水を身体で受け止める毎日だった。

受け身ではなく、自分からも発信したいと、二〇〇八年十二月から、同じ店名でまずネット古書店のサイトを開いた。もちろん、扱うのは料理本である。

「ネットで販売していても、お客さまからの問い合わせがけっこう多くて、ちゃんと本を見て買ってもらえないことに限界を感じていました。お店があって、手にとってもらえれば、応対ができる。それに、売るために仕入れた蔵書がどんどん溜まっていって、住居を圧迫するようになっていた」

加えて、新刊書店での勤務が激務で、旦那さんに「つらい、つらい」とこぼしていた。ちゃんと対面販売のお店を持ちたいという意志は伝えていたので、ある日「じゃあ、やってみれば」と後押しがあった。「一箱古本市」や「みちくさ市」に参加したことも大きい。本をあいだに挟んで、対面でお客さんとことばを交わしながら売る喜びを知った。ネットのお客さんも訪ねてくれて、初めて顔を知ったことも。うれしい、楽しい。顔の見える店がやりたくなった。

さあ、いよいよ始動だ。リアル店舗でも料理専門店にすることは決めていた。あとは店探し。

「最初は料理人の集まる合羽橋（厨房器具などを扱う店が集まる町）で探したんですが、家賃が高い。文京区、台東区、中央線沿線でもっと駅に近いところも回りましたが、やっぱりどうしても家賃がネックになる。ここは、家賃が安かったのと、敷金がかからなくて、普通に部屋を借りるように借りられたんです」

内装もきれいで、居抜きでそのまま明日から使えるというのも魅力だった。ご主人とは、店を始めるにあたって事業契約書を交わした。営業時間はきっちり守る、残業はしないなど、細々したことを誓約書のように書き、いわば、わがままを許してもらった格好になった。二〇一〇年十一月十六日オープン。ホームページには実店舗開店にあたり、こんなふうに書いた。

「レシピ本、料理専門書、雑貨、リトルプレスなど、この onakasuita の世界がぎっしりの店です。こぢんまりとはしておりますが、皆様のお越しをお待ちしております」

よく売れるのは、パンとお菓子づくりの本、フランス料理のレシピ本、それにスペインのおばんざい料理とも言える「タパス」の本など。人気の男子料理研究家「ケンタロウ」はネットのホームページで特集を組んだ。

「ネットで見て、わざわざ店まで足を運んで買ってくださるお客さまもある」という。アップされた写真の実物を触りたくなったのだろう。開店から四カ月、まだ利益が出るところまでは行っていない。一色刷りでいいから、フリーペーパーを作ろうと思っている。近隣の雑貨店や美容室に互いのショップカードを置く試みもしている。何もかもこれからだ。

「よく、友人には『お店やるって、大変でしょう』って言われますが、ぜんぜんそんなことない。楽しくやっていますし、自分にとっては、今のほうが格段によい状態になりました」

入口近く、日だまりのようなレジに座って、やっぱりまぶしそうな目で小川さんは語るのだった。

そうそう、店名の由来を聞いていなかった。

「三年前に他界した母との思い出なんです。よく母が言うには、『あなたは、学校から帰ってくると「ただいま」じゃなく、「おなかがすいた」だった』って。いまでも食いしん坊なんですが（笑）、母とのエピソードを大事にしたいと思って、この名前にしました」電話に出て、小川さんが店名を告げるたび、天国のお母さんが笑っているかもしれない。

本書で紹介した店舗は閉店した

古書 猫額洞《びょうがくどう》 杉田幸子さん

二〇〇九年に公開された映画「私は猫ストーカー」は、全編いたるところに猫が登場し、猫好きにはたまらない映像になっていた。猫の後を追って町中をさまよう、新しい散歩術を提案したエッセイが『私は猫ストーカー』。著者はイラストレーターの浅生ハルミンさん。これを原作に、鈴木卓爾監督が、ハルミンさんの「猫道《どう》」を生かしつつ、若い女の子のドラマに仕立てあげた。

主人公ハル（星野真理）は、猫のあとをどこまでも追っかけていくのが趣味。舞台は谷中・根津・千駄木（通称「谷根千」）あたりで、たしかに寺や神社の多いこの周辺は猫が多い。ハルのアルバイト先が、近くにある古本屋で、名前が「猫額洞」。坂井真紀と徳井優が扮する夫婦が経営している。ちなみに徳井優は私が卒業した高校の後輩だ。

店名（猫の額）のとおり、広くはないが、粒の揃った良書が本棚を埋めつくしているることは、スクリーンに映された映像からも伝わってくる。店のたたずまいといい、なんともいい感じ。じつは、これはセットで組まれた架空の店舗ではなく、店名もそのままに実在の古本屋がロケで使われた。それが、ここに紹介する「古書　猫額洞」だ。

ご夫婦で経営されているが、古物商免許の責任者は奥さんの杉田幸子さんだし、同店のホームページで日記を書いているのも幸子さん。ほぼ毎日更新される日記では、ご主人は「S」と表記されるので、ここでもそれに従う。

「店を始めたのは二〇〇一年六月四日です」と、日付まではっきり言った杉田さんに、何かを感じて「何かの記念日」ですか、と聞いた。しばらく黙ったので「結婚記念日とか？」とかぶせると、「六月一日が私の誕生日なんです。本当は、その日に開けたかったけど、ちょっとまにあわなかったんです」と言った。ふむ、何かあると思ったんだ。

そんなにお若くはない二人が、また、どうして古本屋を始めることになったのか。

「ある日、いきなり……ですよ」とこれはSさん。Sさんは元ロックバンドのミュージシャンで、七〇年代初頭、はっぴいえんどなどと同じ時代に音楽をしていた。おそらく団塊の世代ではないか。パイプをくわえた長髪は今でもかっこいい。その後、絵を描いておられたようだ。

「ある日、いきなり」の話を続ける。もともと幸子さんの方が、大変な「読書家」で、それは「猫額洞」にアップされる日記を読めばわかる。ほぼ毎日、読んだ本の感想が記されているのだ。しかも批評は正確。「こんなに本を読んでいる古本屋さんは、ほかにいませんよ」と水を向けると、「ただ、ヒマなだけですよ」と笑って答えられた。古本屋を始めるにあたって、毎日、本を読みながら商売ができると考えたのではないか。これは私の推測。

とにかく、「明日やろう」「うん」といった調子で、古本屋を始めることになったのだ。逆に、煮詰めて、計画的に考えると、古本屋なんて商売は、とてもやれないのかもしれない。「客層を考える」とか「こういうことをやりたい」とか「こんな店にしよう」などと、いっさい考えず始めてしまったのだと言う。

「古書　猫額洞」は、映画「私は猫ストーカー」のなかでは、谷中あたりにあるように描かれているが、じつは中野区にある。昔ながらの米屋、総菜店、洋品店などが並ぶ昭和テイストの商店街「川島商店街」の中ほどにちょこんと収まっている。お二人の住居がこの近くで、前から「川島商店街」へは、買い物によく来ていた。「猫額洞」が入る前がリサイクルショップで、ある日、空き店舗の貼り紙があり、不動産屋の連絡先が書いてあった。すぐさま連絡して契約。古本屋が一軒もないのはおかしい、懐かしい風情の商店街で開業することができた。

誤算は、店舗スペースが約半分に区切られ、住居として使われていた奥の部屋が一段高く上がっていることだ。それがなければ、もっとゆったり使えたとSさん。しかし、多くの古本屋に足跡を残してきた私が見て、「猫額洞」は、「猫の額」というほどには狭くない。開店資金が乏しかったため、本棚もリサイクルショップから安いのを購入して、内装等もほとんど手をかけなかったという。床に張った白黒の市松模様もそのまま。

杉田さんによれば、この「市松模様」も店を決めた一つの理由だったという。「むかし、銀座に『ルパン商会』という喫茶店があって、やっぱりここが市松模様でした。映画の『恐るべき子供たち』は観ました？　あの映画にも市松模様が出てきますよ」と言われたが、映画は観たものの、ちょっと市松模様には憶えがないなあ。みなさん、「猫額洞」を訪れた際には、床の市松模様をまずチェックです。

店に並ぶのはミステリ、ＳＦが中心。ほかに建築、美術、写真などアート系の本が充実している。いまどき流行りの小説や、実用書、趣味本の類はほとんどなく、隙のない本棚と言える。古書組合に加入しておらず、もっぱら客の持ち込みと買い取りで補充している。

この十年、売り上げは右肩下がり。ネットと店売りの比率は五分五分、ちょっとネットの方が勝ってるぐらい。正直言って厳しい。「初めっから儲けるつもりはなく、儲かるとも思わなかったけど、想像以上ですね」と、椅子に座ってパイプをくわえたSさん。映画「私は猫ストーカー」で徳井優が座っていた椅子だ。

杉田さんによれば、敏腕プロデューサーの越川道夫さんが、店のお客さんで、ある日「猫と古本の映画の企画が通りました」と告げた。「それはよかったですね」と答えた杉田さんだが、まさか自分の店が使われるとはそのとき思っていない。後日、スタッフ数人が下見に訪れ、本格的に交渉があり、杉田さんは引き受けた。「スタッフの方たちが、本当に感じのいい人ばかりだったので。結局、丸二日、撮影のために店は休みました。本棚に並ぶ本などもそのまま。レジまわりを少し片づけて、そこに映画では猫が座っていました。たくさん猫が出てくる映画だけど、あの猫（タラオ）だけは役者猫だったそうです。さすがにおとなしかったわねえ」

杉田さんは試写で一度観て、そのときは、スクリーンに映る自分の店が「なんだか目の前がぐらぐらして」ちゃんと見られなかったそうだ。二度目に、今度こそちゃんと見て「すごくキレイに撮ってくださった」と安心した。映画を見た、というお客がその後、何度か店を訪れたそうだ。「猫はいないんですか?」と聞いた客、札幌からわざわざ来た女性もいた。その女性は谷中も訪ねた。映画では、まるで猫のいる路地から谷中へ通じているようだった。その映画のテクニックに杉田さんは感心したそうだ。

夕暮れともなれば、買い物客で活気づく昭和の匂いの商店街に、映画そのままの姿で「猫額洞」は健在だ。八百屋の元気な呼び声、お総菜屋さんからこぼれるコロッケの匂いに包まれながら、私は映画の登場人物みたいに、家路に向った。

その後、閉店

そのほか、完全ではないが、把握している女性古書店主の店を紹介しておく。

「**キントト文庫**」(東京都千代田区神田神保町)は趣味、芸能から東京もの、性風俗まで広く、独自な視点で本を集めている。(その後、閉店)

「**ブックス・ロンド**」(東京都中野区中野5−52−15　中野ブロードウェイ2F)は、元神保町の古書店で働いていた女性二人が独立して始めた店。趣味の雑誌、音楽、カメラなどサブカルに強い。二〇〇五年オープン。

「**銀星舎**」（東京都杉並区阿佐谷北1－45－4）は、中央線「阿佐ヶ谷駅」を降りて、ケヤキ並木の中杉通りを北上、右手にある。明るくきれいなお店。いちおう、絵本、児童書、美術書がメインということだが、音楽、映画、文学の品揃えもいい。女性店主の目が本棚の隅々まで行き届き、よく整理された気持ちのいい店である。

「**ほん吉**」（東京都世田谷区北沢2－7－10）は、若者の町「下北沢」に二〇〇八年三月オープン。本多劇場のすぐ近く、十八坪と広い店舗に棚がずらりと並ぶ。店長の加勢理枝さんは、吉祥寺の古書店「よみた屋」で四年勤めて独立。小説、マンガなど場所柄の基本図書ほか、思想・哲学、女性関係の本が充実している。均一本コーナーも見逃せない。

「**十二月文庫**」（世田谷区若林5－4－13）は、雑誌などでもよく取り上げられている、独特の雰囲気とテイストを持った店。カウンター二席、テーブル二席と狭いながらカフェも併設。また、クラシック音楽のレコードも売っている、というのが珍しい。迷路のような本棚に並ぶのは海外文学ほか、王道を行く本ばかり。

「**白線文庫**」（栃木県那須塩原市）は、二〇一〇年四月にオープン。古い民家を改築し、趣味のいい家具を並べ、読書室も作った。コーヒーも飲める。開店のチラシには「私には『きっかけの古本屋』と呼べる本屋さんがあります。だれかの、何かのきっかけになりたい、そんな気持ちでお店を開きました」とある。一度ぜひ訪ねてみたい店の一つ。（その後、「ＨＡＫＵＳＥＮ」と改め鳥取県へ移転）

「**古本　徒然舎**」（岐阜県岐阜市美殿町40）は、ネット販売専門から、このたび二〇一一年四月から、岐阜市内で店売りの実店舗も開いた変わり種。ネット販売のジャンルは「ごちそう」「旅」「文芸」「暮らし」「アート」とある。ネットでは売りにくい、少し難ありの雑誌を百円均一に落としたり、売りたい新刊書を積極的に応援するなど、やる気まんまんなのがうれしい。「心をゆるめられる場所をつくりたい。その思いから、とにかく店を開けることに決めました」とブログにある。

「**アダノンキ**」（札幌市中央区南一条西19丁目　ドレイジャータワー五階）は、ビールと古本という不思議な組み合わせの店。二〇〇八年七月オープン、店主のビール好きが高じて、全国から地ビールを取り寄せ飲ませる店を始めた。店内写真を見るかぎり、本の量もけっこう多い。文芸のほか、食、映画、演劇、旅の本が並んでいる。ぜひ、長く続けてほしい店だ。

「**フォスフォレッセンス**」（東京都三鷹市下連雀8－4－1）は、太宰治ファンのカップルが、二〇〇二年二月にオープンさせた古本カフェ。店主の駄場みゆきさんは大阪出身。太宰が眠る禅林寺で、桜桃忌の日に出会った男性と恋に落ち、念願の古本屋を開いた、とロマンチックな店。太宰の著作が揃うのはもちろん、太宰文学の啓蒙活動にも熱心だ。

このほか、新刊も古本も雑貨も扱うという店も増えている。

「ひぐらし文庫」（東京都豊島区雑司が谷）は二〇一〇年一月にオープン。店主は長年新刊書店に勤め、出版社勤務を経て、店舗を作った。新刊と古本を一緒に売り（スリップで判別）、雑貨や文具も並べて喫茶もオーケーと、五坪ほどの小さい店に夢をいっぱい詰め込んでいる。（その後、閉店）

「本は人生のおやつです」（大阪市北区堂島2－2－22　堂島永和ビルディング206）は、この数年、古本喫茶や雑貨店が増え、若い客層を集めているエリア「中崎町」に、二〇一〇年八月にオープン。三坪と狭い店内に新刊、古本、雑貨を置く。また、店内の用紙に客が記入し、それをもとに本を薦める「読書カウンセリング」という試みも行っているとか。不思議な店名は、人は「ごはん」を主食としたら、本は「おやつ」。でも、おいしい「おやつ」は人を幸せにしてくれる、という気持ちを込めている。

沖縄では「**言事堂**《ことことどう》」（那覇市若狭3－7－25）が、美術・工芸を中心とした古本屋。

ホームページと掲載された写真を見ただけだが、瓦屋根の住宅を店舗とし、店内もゆったりとして、なかなかの雰囲気。新刊、文具、アンティーク雑貨なども販売する。本の展覧会や美術展、珈琲店と組んでのイベントなども手がけているそうだ。

女性が古書店主になるには

店を始めるにあたっての心構え

自分の好きなものばかりを並べて、あるいはこだわりの「食」を提供するような、雰囲気のいい小さな店を持つことは、いまどきの女性にとっては一つの夢らしい。マガジンハウス発行の雑誌「クウネル」系、といってもいいか。むくつけき野暮な中高年の私にとって、それらの店には見えないバリアが感じられ、なかなか足を踏み込めないが、地元の東京・中央線沿線を散歩していても、いたるところでそんな「小さな店」を散見する。

アクセサリーや雑貨を売る、無農薬素材と酵母菌を使ったパンを焼くことで自己実現を図る。そんなお店を開くことが、女性にとっての新しい表現活動になっている。それなら、自分が好きで集めてきた本を中心に、同じテイストを持った客を招き寄せる古本屋をやりたい、と考える女性がいてもおかしくない。

従来は、古本屋を開くにあたって、老舗と言われる店での五年以上の修業が必要と言われてきたが、本書にご登場願った女性古書店主で、「呂古書房」さん以外に、そんな体験を経た人はいない（「海月書林」さんがアルバイトを含め数年）。本が好きで、古本屋を巡った経験を持つ人なら、とりあえず明日からでも始められる。ハードルはずいぶん低くなっている。

しかし、始められるということと、商売として成立するということは、まったく別の話である。

青森市で「古書店林語堂」を営むご店主が、喜多村拓というペンネームで書いた『古本屋開業入門　古本商売ウラオモテ』（燃焼社、二〇〇七年）は、タイトルそのままズバリの内容で、素人が古本屋を開業するにあたってのノウハウを事細かに開陳してくれている。ところが、よく読んでいくと「古本屋開業はやめておけ入門」とタイトルを改めたほうがいいのでは、という内容なのだ。

「思い立ったが凶日――まえがきにかえて」にはこうある。

〈華やかで、目立つ存在となった古本屋も規模の論理で、持てるものが繁盛し、零細な店は閉店を余儀なくされている現状で、新しく古本屋でもやってみようかという安易な気持ちで飛び込むのは危うい気がします。

うちの古本屋にも毎年、何人かの人たちが、古本屋をしたいと相談にみえますが、わたしは、

「脱サラしてやると、いままでより所得が落ちるかもしれません。それでもよかったらやりなさい」

と、あまり勧めません。中にはそれで食えなくて、夜のアルバイトに行っている店主もいるくらいですから。(中略)貧乏してもそれが好きならおやりなさい。それでひと儲けしようと思うなら、やめたほうが賢明です〉

これは、その通りだと思う。しかし、わたしが本書で取材してきた女性古書店主で、「ひと儲けしよう」という考えでこの業界に飛びこんだ人は、一人もいない。みな紆余曲折を経て、生き方として古本屋を選んだ、という人ばかりであった。倉敷の「蟲文庫」さんなど、開店してからずっと長らく、店舗を維持するために郵便局などでのアルバイトを並行して続けていた。それでもやりたい、という心構えがないと、なかなか厳しい商売であることは肝に銘じておくべきだと思う。同書は一種の「踏み絵」だ。

そういった意味も含めて『古本屋開業入門』は、ぜひ一度読まれておくといい。

「店舗開店編」と「通信販売編」に分けて、この道で食べていくための、きわめて具体的な方策が綴られていて参考になるはずだ。

開業すると決心してから

商売としての古本屋を始めるにあたっては、公安委員会発行の古物商の営業許可証が必要となる（有料）。地元の警察署にある生活安全課内の窓口へ行けば、申請書類がもらえるので、それに書き込んで提出すればいい。店舗を持たず、ネットで販売する場合も、ホームページのＵＲＬの届け出が必要で、客から本を買う場合は、これもやはり古物商の営業許可証が必要だ。これが古本屋になるための第一歩。許可証がもらえれば、心構えも違ってくるだろう。野崎正幸『駈け出しネット古書店日記』（晶文社、二〇〇四年）には、取得までの一部始終がくわしくレポートされている。

古本屋といっても形態はさまざまで、どれを選ぶかによって、開店する手法も予算も方針もまるで違ってくる。まず、店舗を持つのか、無店舗営業で行くのかが最初の大きな分かれ目となる。当然ながらリスクは前者の方が大きい。

実家が別業種の店舗営業をやっていて、いまは閉めているから、それを使わせてもらう、なんて甘い話はほとんどないだろう。店舗を持つには、保証人を立て、敷金や礼金を用意し、それに最初の家賃、と開業する前からお金がいる。それに店の改装費、本棚、レジ機などの初期投資にも、やっぱりまとまった資金が必要だ。それなりの覚悟がなければ店は持てない。これは別に古本屋でなくったたって同じだろう。

ただし、今は地方のアーケード商店街が不振で、シャッターを閉めている店が多い。そういうところで、商店街活性化のために、空き店舗を格安の家賃で、とくに若者に貸し出すケースが増えている。予算がない場合は、知恵と勇気と情報力で、あるいは道が開けるかもしれない。

一方、無店舗営業というのは、多くは自宅でネットや目録による販売をすることを言う。もともと自宅だから店としての家賃はいらないし、手持ちのパソコンですぐにでも始められる。「海月書林」さんは、まさにそうして第一歩を踏み出した。目録は印刷費や郵送費がかかるが、これも自らパソコンで版下を作れば安く上がるし、印刷だって、コピー機で刷る手もある。なにより、失敗した時のリスクが少なく、撤退してもそのダメージは少ない。

また、ほかの職業を持ちつつ、副業として始めることも可能で、じっさい、インターネット上の古本を売るサイトの総数は把握しきれていないが、副業タイプもかなりの数、含まれていると思われる。

ネット古書店を開くにあたって、誰もがまず参考にしたと言われるのが、北尾トロ『ぼくはオンライン古本屋のおやじさん』（風塵社、二〇〇〇年、現ちくま文庫収録）。一九五八年生まれのライターである著者が、ある日、いっぱいになった自室の本棚を見て、思いついたのがネット古書店「杉並北尾堂」。トロさんが同店をネット上で開業したのが一九九九年の春。その段階で把握していた「素人が副業的に始めたオンライン専門店は20軒足らずだったのではないだろうか」というから昔日の感がある。いまや、その数は軽く千単位に達するだろう。

トロさんは、「好きなことをして、本が読めて、お金がもらえて、感謝される」のがオンライン古本屋、と書いているが、同時に、それを開くにあたっての資質を三つ挙げているので紹介しておく。

1本が好きで、本に囲まれる生活が嫌でないこと（否応なくそうなる）

2読書家であっても蒐集家ではないこと（いい本を手放すことができるかどうか）

3派手好きではないこと（古本屋の仕事の大半は地味である）

これはネット古書店に限らず、古本屋という稼業全般に言えることだ。

また、二〇〇三年には芳賀健治『インターネットで古本屋さんやろうよ！』（大和書房)、〇四年には野崎正幸『駈け出しネット古書店日記』(晶文社)と、同種の本が出ている。いずれも必読の書だ。芳賀さんは「古本うさぎ書林」、野崎さんは「文雅新泉堂」という名でそれぞれ営業中で、どちらも古書組合に加入し、ネット販売以外にも、即売会に出店するなど精力的に活動されている。ネット古書店として成功させるためには、それぐらいの努力が必要、とも言える。

『インターネットで古本屋さんやろうよ!』には、「古本屋開業のノウハウ」として、古物商の許可を取ることから始まり、ホームページの作り方、郵便局に口座を作る、送料の設定などどくわしく親切なアドバイスがされている。

『駈け出しネット古書店日記』は、その名の通り、二〇〇一年にサイトの立ち上げと古物商の認可申請を行ったところから綴られた日記という体裁を取っている。オープンからの日々の動きがわかって興味深い。再三の請求にも代金を支払わない悪質な客を巡って請求訴訟を起こした件も書かれてある。

店売りとネット販売を並行している店が今は多く、これらの本は、業態にかかわらず参考になるはずだ。

本を買う、集める

古本屋を始めてすぐ気がつくはずだが、本は売ることより、買うことに苦労する。つまり仕入れがいかに重要か、ってことだ。これは取材した多くの人が、その壁にぶちあたって悩んでいた。新刊書店と古本屋の大きな違いはここにあり、取次を通して、欲しい本を注文すればいい（そうではない、という込み入った話はここでは措く）という新刊書店と違って、古本屋は欲しい本がすぐ手に入ることはまずない。客からの買い入れ、他の古本屋（ブックオフに代表される新古書店を含む）からのセドリ、古書組合の市場での入札。古本屋にとっての仕入れは、ほぼこの三種に尽きる。

客からの買い入れは、まとまった量を自宅まで買い取りにいく場合と、店まで客が持ち込む場合と二つある。東京の「海月書林」、倉敷の「蟲文庫」、神戸の「トンカ書店」などは、この客買いだけでまかなっている。後述するが、組合未加入の店は、自然とこれに頼らざるをえない。しかし、客がいらない本は、多くの場合買い取っても他の客だっていらないと考えた方がよく、店主が欲しい本を仕入れるのはなかなか難しい。

客に本の知識がない場合（ほとんどそうだ）、「古い全集がうちにたくさんあるから取りに来てくれ。漱石も鷗外も全部揃っている」と言われて、バイトを雇い、レンタカーを借りて喜び勇んで乗り込むと、日本文学全集と呼ばれる類いのもので、個人全集ではなかったという失敗話がある。日本の近現代文学を通覧する日本文学全集は、いまや店頭で一冊百円にしても売れない、大量にだぶついた過剰在庫の見本みたいな商品なのだ。

できるだけ高く買って欲しい客と、できるだけ安く買いたい店主との攻防は、いつでも胃の痛む修羅場だ。

『古本屋開業入門』に、こんな話が明かされている。

〈「随分と安いんですね。だいぶ、儲かる商売なんですね」

と、よく買い取りのときにイヤミを言われたりします。

「一冊十円で買った本をいくらで売るんですか」と、まるで泥棒呼ばわりです。

（中略）

「ああた、これが全部売れたら、笑いが止まらないどころか、いつか蔵が建ってますよ。そうでないから、こうして貧しい身なりをしているんです」〉

「セドリ」とは「背取り（競取り）」と表記し、他店から、相場より安く値がついている本を、普通の客と同じように買うこと。かつてはそれだけで食べている専門職がいたが、いまは古書店主、あるいは素人が小遣い稼ぎにしているケースが多い。幅広い豊富な知識が必要なうえに、時間と手間がかかり、素人との競り合いもあるから、あまり成果は望めない。しかし、たまに心臓が激しく高鳴る掘り出しものに出逢うこともあるから、その快感を知る者は、なかなか止められない。

最後は「古書組合」への加入。かつては、店舗を持つ者しか加入が認められなかったが、現在では、『駈け出しネット古書店日記』の「文雅新泉堂」、『インターネットで古本屋さんやろうよ！』の「古本うさぎ書林」、本書に登場した「古本 海ねこ」など、ネット古書店でも加入している（「うさぎ書林」さんは、現在東京都品川区にリアル店舗を営業）。文雅新泉堂の野崎さんは自著の中で、「組合加入の目的は、買い取りが少ないので、本を仕入れたいということと、検索サイト『日本の古本屋』に目録をアップしたいということの二つである」と書いている。

組合加入の最大のメリットは、組合の市場が利用できることだ。組合は全国の支部に分かれている（全国に五十二）が、東京の神田にある東京古書会館でほぼ毎日開かれる市場は、組合員なら全国から参加できる。市場は「交換会」とも呼ばれ、つまり古書店主はここで本を買うだけではなく、本を売ることもできる。たとえば、客から大量の本を買い取る。そのうち、自分の店に合わないもの、あるいは過剰在庫となっているものは、この市場に売りに出せる。だから、非常に極端なことを言えば、買い取りさえあれば、お店で一冊も本が売れなくても、商売としては成り立つのだ。

また、ここに集まってくる商品を見ることは、目の鍛錬にもなる。魚市場でも青物市場でも同じだろうが、いかに現物に多く目を通すかが、その道のプロとしてやっていくために必須の条件となる。同業者との雑談の中から、情報が得られるというメリットもある。組合に加入している業者なら、迷っている新入りに「ぜひ入りなさい」と必ず勧めるのはそういうわけだ。

組合員なら、各古書会館やデパートなどで開催される、顧客向けの即売会にも出店できる。ただし組合加入費や維持費は必要（各支部によって額は異なる）。「東京の古本屋」という、認知度の高い古書サイトを利用できる点も大きなメリットだ。

最後に

いろいろ長々と書いてきたが、一番大切なのは「古本屋になる！」と最初に決めてしまうことだと思う。古本屋になる方法、と聞かれていつも思い出すのは、田村治芳さんの言葉だ。田村さんは「なないろ文庫ふしぎ堂」店主であるとともに、読書人向け雑誌「彷書月刊」の編集長（二〇一一年一月に逝去）。田村さんはかつてこう言った（岡崎武志『古本極楽ガイド』ちくま文庫、所収）。

〈いくら資金があれば古本屋ができるか、という質問をされたら、そんなことを考えている奴は古本屋にはなれない、と。それこそ、一〇〇〇万あればできるよ、という言い方もあれば、一〇〇万あればできるという言い方も成立する。要するに生き方の選別の問題になるんですよ。自分は古本屋という道で生きるんだ、というね。それしかない〉

結論を申せば、この最後の言葉に尽きている。本書でご登場いただいた女性古書店主の方々は、例外なく、「自分は古本屋という道で生きるんだ」という決意で、この業界に飛び込んできた人ばかりだ。決意の後に発生する膨大な雑事は、決意の大きさにより乗り越えることができるはず。

「『価値のあるもの』を買うのではなく、『自分で価値を作れる』人間は強い」

これは、東京・早稲田「古書現世」の二代目店主・向井透史さんの言葉。女性古書店主の強みは、まさにこの点にある。これまで、男性が見逃してきた価値と女性客が、まだ人類の半数分も放置されている。そこに独自の「価値」を作ってぶつけていけば、必ず道は開けるはずだ。

日本の古本屋のうち、その三分の一が女性店主になれば、古本業界はさらに大きく変貌するだろう。古本屋がもっと身近に、多種多様な本を扱う場所になればいい。私は本気でそう願っている。

解説　古本屋になった女たち

近代ナリコ

いろいろないきかたがあるのだな。それはとりたてて、女性で、しかも古本屋の店主だからというわけでもないだろうが、これまであまたの古本屋をめぐり歩き、その姿を私たちに伝えてきてくれた岡崎さんのこのたびの仕事に接してまずえたのは、そんなシンプルな感想である。

本書の連載時のタイトルは「古本屋は女に向いた職業」だが、はたしてどうだろう。こうして「女性の古本屋店主」がならべられることじたい、これまではそうではなかったことを示している。

なにごとにおいても、女性は女性ならではのやりかたというものをもっている。それは、誰もがそれに沿ってなにごとかをなせるよう、理路整然と体系化されたものではなく、そのひとそれぞれの状況やタイミングにおうじて、ものごとがなっていくときの、いきおいや創意工夫や直感が分け隔てなくまじりあったある力であるようだ。

本書にあげられている、これまでの古書店にない特性、手作り感覚やジャンルの逸脱、型にはまらぬ品揃え、古書店というだけにかぎらない「場」としてのありかた、それらをプロデュースしてゆくことのできるセンスは、そんな力の作用によっているのだと思う。男性が、まずこうといったコンセプトを打ち立て、それを実現化させてゆく「なす」者であるとすると、女性は「なる」者なのだろう。なにより彼女たちがいま古本屋であるということに、女性の「なる」力をみせられる思いがする。

九〇年代半ばからの古本をめぐるあたらしい波のなかで、とびきりの輝きをもってあらわれた「日月堂」。店主の佐藤真砂さんが、八〇年代のバブルの大波に揉まれて格闘し、打ち上げられた浜辺でめぐり会ったのが、古本と古本屋という仕事だった。そんな彼女のプロフィールをはじめ、十三の古書店と、その女性店主たちのさまざまな顔が紹介されてゆく。

「火星の庭」前野久美子さんがブックカフェ開業にいたるまでの、海をまたいで飛び回る破天荒な経歴に眼をまわし、「お勤めには向かない」けれど店は毎日かならずあける、植物と虫と本を愛する「蟲文庫」田中美穂さんを、少女のころから知っている友達のように思った。「興居島屋（現「なずな屋」）」尾崎澄子さんの一日に、古本屋と町、古本と生活が気負いなくよりそう西荻の空気を吸い込み、先だった夫との約束を胸に、古本屋をはじめた「石田書房」石田由美子さんの、その店名の由来においおい泣いた。そして、本から顔をあげたとき、身のまわりがひろびろと明るくみえた。こういうすてきな読後感をあたえてくれる本に出会うのは、ひさしぶりのことである。

読まなくてはならない本に追われていると、しだいに本の読みかたが平板になってくる。自分のためだけの読書といえども、ただ楽しいばかりではない。気晴らしのため、のんきに読むこともあれば、わざわざ苦しい思いをするために読むこともある。毎日のルーティンのなかで、なんとなく文字を追う瞬間もあれば、電車のなかで降りる駅も忘れてのめり込んだりもする、誰かと話をしたくてたまらなくなったり、熱をだして寝こんだり、おそろしくやる気になったり。

本を読むときのテンションには、さまざまなグラデーションがあったはずなのに、それがいつも真ん中にとどまって灰色をしているのに、ちかごろつくづく倦んでいたのだ。そういうところから、『女子の古本屋』は私をひっぱりあげてくれた。自分のなかにちいさな胚、なにかを生み出すその源になるようなものが、ぽつりと芽生えてゆくのが感じられる。こんな読書が、そういえばあったことを思いだした。

本書は、古本屋案内であると同時に十三の物語でもある。女のいきかたのカタログのようでもあるし、古本屋になりたい女性の参考書にもなりそうだ。シンプルな感想、と最初私は書いたが、そうしたところへ行き着く本は、じつはいろいろなふうに読むことができると思う。私が好きなのはそういう本だ。

（こだい・なりこ　エッセイスト）

＊本稿は「ちくま」二〇〇八年四月号に掲載されたものです。

ちくま文庫

女子《じょし》の古本屋《ふるほんや》

二〇一一年六月十日　第一刷発行
二〇一八年二月五日　第二刷発行

著者　岡崎武志（おかざき・たけし）
発行者　山野浩一
発行所　株式会社　筑摩書房
東京都台東区蔵前二―五―三　〒一一一―八七五五
振替〇〇一六〇―八―四一二三
装幀者　安野光雅
印刷所　三晃印刷株式会社
製本所　株式会社積信堂

筑摩書房サービスセンター
埼玉県さいたま市北区櫛引町二―六〇四　〒三三一―八五〇七
電話番号　〇四八―六五一―〇〇五三

ISBN978-4-480-42837-0 C0100